主　编：陈　恒

光启文库

光启随笔

光启文库

光启随笔　　光启讲坛
光启学术　　光启读本
光启通识　　光启译丛
光启口述　　光启青年

主　编：陈　恒

学术支持：上海师范大学光启国际学者中心

策划统筹：鲍静静
责任编辑：陈　雯
装帧设计：纸想工作室

历史的延续与变迁

向 荣 著

图书在版编目（CIP）数据

历史的延续与变迁 / 向荣著. —北京：商务印书馆，2021
（光启文库）
ISBN 978-7-100-20265-7

Ⅰ.①历… Ⅱ.①向… Ⅲ.①欧洲—近代史—研究
Ⅳ.①K504.07

中国版本图书馆 CIP 数据核字（2021）第160978号

权利保留，侵权必究。

历史的延续与变迁
向 荣 著

商　务　印　书　馆　出　版
（北京王府井大街36号　邮政编码100710）
商　务　印　书　馆　发　行
山 东 临 沂 新 华 印 刷 物 流
集 团 有 限 责 任 公 司 印 刷
ISBN 978-7-100-20265-7

2021年11月第1版　　　开本 889×1194　1/32
2021年11月第1次印刷　印张 8½

定价：50.00元

出版前言

梁启超在《清代学术概论》中认为,"自明徐光启、李之藻等广译算学、天文、水利诸书,为欧籍入中国之始,前清学术,颇蒙其影响"。梁任公把以徐光启(1562—1633)为代表追求"西学"的学术思潮,看作中国近代思想的开端。自徐光启以降数代学人,立足中华文化,承续学术传统,致力中西交流,展开文明互鉴,在江南地区开创出海纳百川的新局面,也遥遥开启了上海作为近现代东西交流、学术出版的中心地位。有鉴于此,我们秉承徐光启的精神遗产,发扬其经世致用、开放交流的学术理念,创设"光启文库"。

文库分光启随笔、光启学术、光启通识、光启讲坛、光启读本、光启译丛、光启口述、光启青年等系列。文库致力于构筑优秀学术人才集聚的高地、思想自由交流碰撞的平台,展示当代学术研究的成果,大力引介国外学术精品。如此,我们既可在自身文化中汲取养分,又能以高水准的海外成果丰富中华文化的内涵。

文库推重"经世致用",即注重文化的学术性和实用性,既促进学术价值的彰显,又推动现实关怀的呈现。文库以学术为第一要义,所选著作务求思想深刻、视角新颖、学养深厚;同时也注重实用,收录学术性与普及性皆佳、研究性与教学性兼顾、传承性与创新性俱备的优秀著作。以此,关注并回应重要时代议题与思想命题,推动中华文化的创造性转化与创新性发展,在与国外学术的交流对话中,努力打造和呈现具有中国特色的价值观念、思想文化及话语体系，为夯实文化软实力的根基贡献绵薄之力。

文库推动"东西交流"，即注重文化的引入与输出，促进双向的碰撞与沟通，既借鉴西方文化，也传播中国声音，并希冀在交流中催生更绚烂的精神成果。文库着力收录西方古今智慧经典和学术前沿成果，推动其在国内的译介与出版；同时也致力收录汉语世界优秀专著，促进其影响力的提升，发挥更大的文化效用；此外，还将整理汇编海内外学者具有学术性、思想性的随笔、讲演、访谈等，建构思想操练和精神对话的空间。

我们深知，无论是推动文化的经世致用，还是促进思想的东西交流，本文库所能贡献的仅为涓埃之力。但若能成为一脉细流，汇入中华文化发展与复兴的时代潮流，便正是秉承光启精神，不负历史使命之职。

文库创建伊始，事务千头万绪，未来也任重道远。本文库涵盖文学、历史、哲学、艺术、宗教、民俗等诸多人文学科，需要不同学科背景的学者通力合作。本文库综合著、译、编于一体，也需要多方助力协调。总之，文库的顺利推进绝非仅靠一己之力所能达成，实需相关机构、学者的鼎力襄助。谨此就教于大方之家，并致诚挚谢意。

清代学者阮元曾高度评价徐光启的贡献，"自利玛窦东来，得其天文数学之传者，光启为最深。……近今言甄明西学者，必称光启"。追慕先贤，知往鉴今，希望通过"光启文库"的工作，搭建东西文化会通的坚实平台，矗起当代中国学术高原的瞩目高峰，以学术的方式阐释中国、理解世界，让阅读与思索弥漫于我们的精神家园。

上海师范大学光启国际学者中心
2020年3月

目录

政治与政治文化

英国政治传统的延续与断裂 3
16、17世纪英国政治文化中的父权主义 13

经济与社会

哈克斯特豪森的"发现"
　　——俄国农村公社问题的提出及其影响 35
"茶杯里的风暴"?
　　——再论16世纪英国的土地问题 57
英国"过渡时期"的贫困问题 76
告别饥荒:近代早期英国的农业革命 100
水利与英国社会 106
集体行动与近代早期西欧鼠疫的消失 114
"黑死病"与意大利和英国的抗疫 121
文艺复兴时期佛罗伦萨的社会重构 130

文化与心态

文化变革与西方资本主义的兴起
　——读韦伯《新教伦理与资本主义精神》　143
啤酒馆问题与近代早期英国文化和
　价值观念的冲突　160
清教论家庭教育　181

史学与史学史

英国和中国史学的新趋势：
　民族史与世界史的对立和破局　205
西方学者对"皮朗命题"的验证与再讨论　215
中世纪晚期近代早期欧洲史研究的重要性及难度　222
新政治史与近代早期英国的堂区研究　228

书评与书序

世界史视野中的亚洲海域
　——读羽田正《东印度公司与亚洲之海》　233
值得一读的一部世界史新著　241
给《世界历史评论》的几点建议和希望　248
《前工业时代的信仰与社会》序　252
《国家与市场——英国重商主义时代的历史解读》序　258
《半小时漫画世界史》序　261

政治与政治文化

英国政治传统的延续与断裂

两种宏大叙事：英国政治传统的延续与断裂

本文借由关于中世纪英国政治史研究的两种宏大叙事展开。一为辉格学派，其到19世纪都是十分有影响力的。最早的辉格学派历史学家出现在17世纪。来自苏格兰的詹姆士一世将"神圣王权"的观念带到了英国，受到了英国议会党人的抵制。在斗争之中提出了这样的观点：英国人源于盎格鲁-撒克逊人，盎格鲁-撒克逊人是生而自由的，他们崇尚自由的社会；并且这样的观念并没有因为诺曼征服而被打断，威廉在加冕时也保证会让盎格鲁-撒克逊人的权利得到保障。詹姆士一世带来的是一个违反传统的观念。由于政治斗争的需要，出现了辉格学派。斗争中最有名的人物爱德华·科克爵士，他提出了一些很具体的观点：英国最初的国王是盎格鲁-撒克逊人的军事首领，军事首领是被选举出来的，直到盎格鲁-撒克逊人定居下来以后，选举的传统依然存在；英国的议会制度起源于盎格鲁-撒克逊的"贤人会议"。英国的议会党人就是通过提出这样一些传统来对抗詹姆士一世的"神圣王权"思想，这些传统被称为"古代宪法"。

但是，这种"英国政治之特殊性来自古代盎格鲁-撒克逊社会"的说法其实是站不住脚的，实际上在17世纪此说法提出之初，平等派就提出了批评，他们强调诺曼人剥夺了盎格鲁-撒克逊人的自由，英国内战的目的就在于恢复盎格鲁-撒克逊人的自由。其次便是托利党人，他们强调诺曼征服之后，盎格鲁-撒克逊人被降为农奴，自由并没有被延续。诺曼征服是盎格鲁-撒克逊人历史上的一次断裂，在征服之后盎格鲁-撒克逊人得到的权利不再是过去他们拥有的权利，而是来自统治者的恩惠，这与辉格学派的说法是不一样的。到了19世纪，著名历史学家麦考莱结合了17世纪辉格党人的传统与平等派的批评，并做了一些修正，他认为英国的宪法不仅仅是盎格鲁-撒克逊人的历史遗存，不能把英国的历史简单地解释为我们有一个辉煌的历史传统，英国的宪法是在后世一点点不断被发展和创造的，所以虽然英国政治的特殊性一些方面可以追溯到盎格鲁-撒克逊人，但更多的是后来的发展。其中最重要的就是1688年发生的"光荣革命"，"光荣革命"才是英国政治特殊性的关键点。

另一学派为马克思主义学者，我们称之为苏联时期马克思主义的宏大叙事，但它不一定符合马克思的本意。马克思主义学说认为人类历史发展可以被简化为五种生产方式，那么英国中世纪和近代分属于两种完全不同的社会形态，两者之间只有断裂，没有联系。即使在政治制度上存在某些相似性，但实质是不同的。所谓"大宪章"是保护封建贵族利益的，与近代资产阶级追求的自由完全不同。这与早期辉格学派的学说大相径庭。

当代学者已经从传统的宏大叙事走了出来，这两种学说都失去了他们之前的影响，但是英国中世纪之政治传统对后世的影响仍然值得思考，我们可以回到英国史学界经验性研究成果的基础上重新审视这一问题。

中世纪英国政治史最具特色的有三个点：（1）有限君主制的形成；（2）地方自治的发展；（3）代议制的兴起。

英国出现有限君主制而大陆欧洲却没有的重要原因便是君权来源的不同。中世纪的王权源头共有三种理论：一是神圣王权理论，该理论带有一种绝对主义色彩，即国王经过教会的加冕被赋予神性后，其统治权便是绝对的、无可置疑的。典型国家如神圣罗马帝国和法国。二是中世纪的封建王权理论。封建王权下，国王是最高封君。但他依旧处在封建制度的框架之下，封君和封臣之间是一种契约关系，相互之间都有各自的权利和义务，这种建立在契约之上的关系使得国王的权力受到封建法的限制，因而权力不是绝对的。三是罗马法。罗马法最基本的理论是国王或皇帝的权力来自人民的委托，一旦人民把权力委托出去，那么国王或皇帝就成了人民的代表，就可以以人民的名义行使绝对的权力。罗马法理论极大地加强了中世纪欧洲的王权，但英国成了这之中的例外。梅特兰《英国法与文艺复兴》中有个观点，罗马法深深地影响了大陆欧洲,对王权的扩张和向极端的方向发展起了很重要的作用,但是这一浪潮没有进入到英国,英国依然保持了习惯法,所以这使得英国避免了像大陆欧洲那样走向绝对主义的道路。

英国极其完整地保存了封建法,是最典型的封建王权国家,神圣王权和罗马法理论对它的影响都是极其微弱的。但它也有自己的特殊性——诺曼征服后的英国国王权力是相当大的。尽管英国王权初生时很强大,但它缺少绝对主义的理论支撑,依然处在封建主义的框架下,因此一旦王权强大到越出了封建契约的界限,便会导致反叛的发生,这也是后来大宪章产生的原因。于是英国便形成了一种有限君主制,王权必须在封建契约的框架之下运行,而无法发展成为绝对权力。

中西对比:知识分子群像与王权限制

大宪章被称为人权、人民自由的基石。坎特伯雷大主教兰顿在国王和贵族的斗争中充当调解人和宪章起草者的双重角色。在起草大宪章的过程中,他加进了一些"私货",使得条约的保护对象从贵族扩大到了商人、自由人、城镇的市民等。笔者认为英国人对大宪章的评价过高了,大宪章曾多次被撕毁和遗忘,不必将它夸大与神化,毕竟库克找到大宪章并发现其中保护贵族、自由人的条文的行为从某种程度上来说带有较强的偶然性。

在此,笔者将中英知识分子形象及对王权的限制做了比较。

他认为，中国历史上，至少在宋代，统治精英对皇帝的限制程度一点不亚于英国贵族对国王的限制，比如士大夫总是强调要皇帝与其"共商国是"，皇帝不能随意杀士大夫等等，这些都是中国的统治精英对皇帝的限制手段。从某种程度上看，宋代的皇帝也真有点虚君的味道。其实英国并不像中国人想象的那么美好，英国历史上有很多残暴的国王极尽专制之能事，至少贵族对约翰的约束力量是远远不如中国士大夫对皇帝的限制的。

那在这样的情况下，为什么反而英国贵族限制国王的条款后来能变成自由的宪章呢？其中很重要的一个原因就是中西方统治精英之间的差异。中国的统治精英在很大程度上是比较自私、封闭的，因而中国士大夫总是视百姓为洪水猛兽，反复强调只有士大夫才享有与皇帝共商国是的特权，唯有他们自己能辅佐皇帝统治愚民。中国古代复杂的方块字也可看作统治精英垄断文化的一种方式，他们借此获得对权力的垄断。可见中国的统治精英们始终想把自己的特权充分保护起来，拒绝将自由扩展到其他的社会阶层，而英国却恰恰相反，大宪章将自由扩展到了几乎所有人，因而它可以得到其他社会阶层的支持，为人民实现自由提供武器。所以大宪章尽管不像我们说的那么神圣，但它也确有自己的意义。

联动效应：饮食结构、敞田制与地方自治的兴起

敞田制，即将所有的地分成三大块，一块春播，一块秋播，

一块休耕，并且所有农民的地都分散在春播、秋播、休耕地之中，没有连成一片。播种时分某块条田是属于某位农民的，左边右边的地都跟他没有关系；种的时候地是他的，但休耕之后地又变成了公共牧场。这样的话，农民之间的合作就会增多，由此庄园法庭的事务就会变得繁重。为何会出现敞田制这样的现象？自古以来，欧洲地中海地区的人是吃小麦面包的，而西北欧的人是以吃肉食为主的，日耳曼人入侵的一个重要后果就是小麦食用者和肉食食用者的杂居。随着西北欧的基督教化，小麦面包也在日耳曼人之间普及，西北欧变成了既要吃小麦又要养牲畜的一片地域。那么怎样才能做到种小麦的同时畜养牲畜呢？

日耳曼人此前是单家独户居住的，在房屋的周围种小麦，在小麦区的外围弄一个栅栏围起来养牲畜。但是如此效率偏低，因为小麦的肥料需求量非常高，家中肥料不够，外围牲畜的粪便又不能加以利用。之后他们将所有农户的地集中在一起，春播之时种粮食，收获之后全部打开，进行放牧，秋播之时同理，使得牧场的面积大大增加，并且牲畜直接在地里排便，使土地更加肥沃。当然这也要求农户们同时放羊同时收割，随之产生的许多问题会在"庄园法庭"打官司，从而"庄园法庭"成了地方自治的一种机构。庄园法庭是由庄园管家主持的，全体农民包括农奴必须参加，庄园法庭的权力延伸到社会的各个角落。12世纪亨利二世将陪审团规范化，庄园法庭也引入了陪审团，至此，不是所有人都参加庄园法庭，而是地方选举12个有一定财富和社会地位的代表来参加庄园法庭。

近代庄园瓦解，领主的权力被取缔，代之的是国王向地方渗透的势力，庄园法庭势薄，国王便将眼光投向了"堂区"。堂区即基层的教会单位，而近代国王使其具有行政单位的作用。从16、17世纪开始，《济贫法》颁布，堂区的村民要对本地的穷人负责，他们向穷人征税，再以发周薪等形式救助穷人。"国家建构时期"渐渐开始，国王的权力越来越多地向地方渗透，导致堂区的权力越来越大。堂区的权力掌握在堂区委员会的手中，其行政权力非常重，有后代学者将其称为"village parliament"（村庄议会），但其实它的权力覆盖了征税、任命堂区官员等方面，比中央的议会的权力大得多。

到了近代，英国不仅有基层的地方自治，也有郡一级的地方自治，即"治安法官"，他们往往是地方的绅士精英。中世纪地方最有权力的官员分别是郡的郡长以及地方的伯爵，他们直接听命于国王。然而奇怪的是，在中央权力向地方渗透的同时，地方郡长的权力反被削弱，权力落到了治安法官的手中。由一伙地方精英来进行管理，他们一年开四次会，处理本郡的事务，一方面代表中央来对地方进行统治，另一方面也代表着地方的利益。有人曾对"英国的地方自治为什么能够得到发展"这一问题做出分析，认为由于英国是一个中央权力较大的国家，统治者不断地向地方下达任务，但是由于英国没有职业官僚，这些任务只能靠地方的精英来自主处理，这就形成了地方自治的传统，也被称为"国王统治下的自治"。怀特曾经总结，英国中世纪最显著的特征之一就是国王的公共事务是由不拿薪水的人做的，在地方层面尤其如此。这对近代民主的兴起起到了重要的作用，使现代的自治有了可能。"民主"不是一个空洞的概念，只有人民能够自己处理事务，民主才会能够真正被实现。民主制度能够在英国生根，跟英国人能够自治有很大的关系。

从会议到"议会"

关于英国的代议制，辉格学派认为英国的代议制可以追溯到盎格鲁-撒克逊时代的"贤人制度"，但在"贤人制度"之前有一更古老的制度叫作"民会"，它通过参与者的呼声高低来进行决策。民会是直接民主，在人不多的时候可行，人多了就不可行了。9、10世纪之后，英国政治统一了，统一的王国要把所有人集中在一起开会是不可能的，由此陪审团应运而生。威廉在编写《末日审判书》时就动用了陪审团，通过陪审团来向政府汇报地方的土地状况，这是基层方面的代议制。

中央层面的议会，国王一方面向议会征求意见，另一方面国王的行动必须经过议会的同意。但后来产生的"大议事会"是贵族参加的会议，没有地方的代表，真正的全国性议会必须有地方性代表进入。真正的议会的出现是在13世纪，此时地方出现了一批经济实力强大之人，国王只依靠身边这样一群大议事会的人已经很难处理好国事。王室的财产难以维系对整个国家的统治，越来越有必要向普通人征税，而中世纪并没有向普通人征税的传统，若贸然向地方强行征税，必定会受到抵抗，故一定要征求地方的同意才能够征税。1212年，国王向郡长发出命令，允许将地方的两个人封为骑士，参加大议事会，共同商量征税的问题。这样，才具有了我们现在所说的"议会"的含义。

代表是否真的代表着选民的利益，这是当事人非常关心的一个问题。代表的主要任务是将当地的税率压到最低，同时也携带了许多请愿书，那么应当如何保证代表到了中央之后完成自己的任务呢？首先，由大多数选民选出的人，多半是信得过之人；选出的代表，要从选区拿工资，而非从国王处领薪俸，否则就是受贿，议员代表和选区之间建立了一种契约，议员是选区的仆人；代表在议会干了什么，回来之后要清楚交代，尤其关于税收：是否据理力争将税赋减到最少，请愿书是否提出，国王给了什么样的答复。如果没有很好地完成，所征之税超过了选民的预期，那么下一次代表的选举，此人就再难出线了，这对中世纪有一定社会地位的人来说是奇耻大辱。

从历史哲学回归到历史

辉格学派、马克思主义学派的学说都属于"宏大叙事"，是我们以某种已知概念为基础再来进行的研究，颇有种"历史哲学"的味道。今天如果抛开"历史哲学"，将它作为一个历史问题来研究的话，我们可以发现，英国的政治跟今天有很多联系，有些传统可以追溯到盎格鲁-撒克逊时代，但大多数是在中世纪的特定历史场景中产生的。中世纪形成的很多政治传统对后世产生了很大的影响,而不是像苏联时期的学者所持的观点,即为一种断裂,完全没有意义。但其意义可能没有辉格学派说的那么高。从经验的角度来看,英国中世纪政治制度与现代之间的关系,还有很多值得研究的地方。

(本文由林心如、杨圣雨、郭涛整理,
原载《澎湃新闻》2017年12月1日,
今因收入随笔集而有所改动)

16、17世纪英国政治文化中的父权主义

16、17世纪是欧洲民族国家形成的时期,中世纪分散在地方领主和自治城市手中的权力和特权开始向单一的君权过渡。与这一趋势相伴随,各种"绝对主义"思想在欧洲兴起。马基雅维里力图将君主从传统道德的束缚中解脱出来,主张君主应像狮子一样凶狠、狐狸一样狡猾,为了目的可以不择手段;马丁·路德从神学的角度论证君王的权柄来自上帝的委托,服从世俗统治者是臣民的"天职";霍布斯则宣称,最高权力即绝对君权是"必要的罪恶",是自利的个人为了避免彼此伤害做出的明智选择。但上述理论,包括霍布斯的《利维坦》对注重经验的英国人影响甚微。英国君权的扩张是以父权主义和有机体首脑论作为合法性基础的。戴维·昂德唐教授认为,这两者是16、17世纪英国政治文化的主潮,决定着这一时期政治发展的方向。而在这两者之中,

父权主义的影响更大。[1] 长期以来，学术界偏重于研究少数精英人物的政治思想，而对于普遍流行的、已形成某种共识的政治文化却缺乏足够的研究。有鉴于此，本文拟对16、17世纪英国的父权主义略述一二，以期引起学术界同仁对同类问题的重视。

一

历史上不少时代都出现过对秩序问题的担心，但从来没有一个时代像16、17世纪的英国人表现得那样强烈。在当时人留下的各种文献资料中，秩序和稳定似乎是压倒一切的主题。亨利八世时代的人文主义者托马斯·埃利奥特爵士以问答的方式写道："抛弃一切秩序之后，世上还会留下什么呢？"只有"混乱……哪里缺少秩序，哪里必定冲突不已"。[2] 70年以后，伟大的剧作家莎士比亚在《特洛伊罗斯与克瑞西达》中借俄底修斯之口说：

> 只要把秩序的琴弦折去，
> 听吧，多少不谐和音将随之而起，
> 一切事物都将处于对抗之中。[3]

---

1 David Underdown, *A Freeborn People: Politics and the Nation in Seventeenth-Century England*, Oxford: Clarendon, 1996, pp. 12–18.

2 Stephen L. Collins, *From Divine Cosmos to Sovereign State: An Intellectual History of Consciousness and the Idea of Orders in Renaissance England*, Oxford: Oxford University Press, 1989, p. 16.

3 Ibid., p. 14.

16、17世纪英国人对秩序问题的担心不是没有理由的。当时的英国刚从中世纪晚期农民起义、封建战争引起的社会动荡中走出不久，人们迫切希望和平与稳定。而且，16、17世纪是西欧从封建主义向资本主义过渡的重要时期，社会关系异常紧张。在摆脱了封建制度的束缚之后市场经济迅速发展起来，地理大发现引起的"价格革命"进一步加速了这一过程。随着封建制瓦解和市场经济发展，资本原始积累开始了，阶级分化出现了。15世纪末16世纪初英国领主掀起了第一次"圈地狂潮"。16、17世纪农民中的贫富分化进一步加剧。1544—1712年，剑桥郡奇彭汉村占有土地面积超过90英亩的大农户由2人上升到7人，而90英亩以下的中小农户则由43人下降到11人。与此同时，无地农户由21人上升到31人。[1] 1524年，埃塞克斯郡特林村雇农和茅屋农所占人口比例只有27.6%，但在1671年上升到50.8%。[2]

16、17世纪的经济局势加速了这一时期的阶级分化。在西欧人口波动周期中，16世纪至17世纪中叶是一个高增长期。据统计，1522年左右英国的人口为230万，1601年上升到411万，1656年更达到528.1万。[3] 人口增长使得对生活必需品的需求增加，谷物和畜产品价格上涨；与此同时，雇佣劳动者的实际工资收入却因

---

[1] Margaret Spufford, *Contrasting Communities: Englis Villagers in the Sixteenth and Seventeenth Centuries*, Cambridge: Cambridge University Press, 1974, p. 73.

[2] J. A. Sharpe, *Early Modern England: A Social Histroy, 1550-1760*, London: Arnold, 1987, pp. 91-92.

[3] Barry Coward, *Social Change and Continuity in Early Modern England, 1550-1750*, London: Longman, 1988, p. 35.

赶不上生活必需品价格的上涨而下降（见表1）。乡绅和"约曼"（yeoman，富裕农民）是这一时期经济局势的主要受益者。因为农产品和畜产品价格上涨使他们的收入增加，而劳动力价格下跌又使得他们的生产成本降低，但对于小农和雇佣劳动者来说，这是一个艰难时代。小农因地租上涨而收入减小，雇佣劳动者因实际工资收入下降而受煎熬。手工业者受到的打击尤其严重，因为16、17世纪农产品和手工业品的价格差不利于后者（见表1）。加上这一时期大陆欧洲宗教战争不断，英国的民族工业——毛纺业因出口锐减而出现萧条。不少毛纺工人失业，加入到令当时统治阶级十分担心的"流浪者"队伍。A.L.贝尔的统计资料表明，16世纪至17世纪30年代"流浪者"人口增长了65%。[1]

表1 1450—1649年物价和工资指数[2]

（以1450—1499年的指数为100）

年　代	谷物平均价格	畜产品平均价格	工业品平均价格	雇农日工资
1450—1469	99	100	101	101
1470—1489	104	102	102	98
1490—1509	105	105	98	101
1510—1529	135	128	106	104
1530—1549	174	164	119	114
1550—1569	332	270	202	169

1　A. L. Beier, *Masterless Men: The Vagancy Problem in England, 1560—1640*, London: Methuen, 1985, pp. 14—16.

2　D. C. Coleman, *The Economy of England, 1450—1750*, London: Oxford University Press, 1977, p. 23.

续表

年　代	谷物平均价格	畜产品平均价格	工业品平均价格	雇农日工资
1570—1589	412	344	227	205
1590—1609	575	433	247	219
1610—1629	649	516	269	241
1630—1649	788	649	294	296

贫富分化和经济局势恶化使英国社会充满了危机。1549年东盎格利亚爆发了大规模的反圈地农民起义——凯特起义，1607年密德兰再度爆发反圈地农民暴动。17世纪30年代初英国南部多数郡都发生了谷物骚动。犯罪率也急剧上升，1570—1630年是英国历史上发案率的一个高峰时期。[1]有识之士忧心忡忡。1536年理查德·莫里森爵士写道：即使"在和平时期，所有人几乎不也是处在反对富人的战争之中么？"[2]1641年爱德华·卡拉米在下院演说中指出：穷人和富人的冲突正在撕裂这个国家，"富人抱怨穷人，说他们懒惰，偷窃成性；穷人抱怨富人，说他们傲慢，铁石心肠"[3]。正是基于对当时世风人情的敏锐观察，霍布斯才得出了"人是豺狼"的结论，相信唯有"利维坦"（《圣经》中提到的一种海中怪兽——笔者注）式的国家才能迫使他们停止相互厮杀。[4]

市场与竞争是西方社会现代化的原动力，贫富分化是这一过

1　Sharpe, *Early Modern England: A Social Histroy, 1550-1760*, p. 111.
2　Christopher Hill, *Change and Continuity in Seventeenth Century England*, London: Weidenfeld and Nicolson, 1974, p. 186.
3　C. H. George, "Puritanism as History and Historiography", *Past and Present*, No. 41(1968), p. 86.
4　Thomas Hobbes, *Leviathan*, New York: Dutton, 1950.

程中不可避免的现象。但是，怎样才能使贫富分化引起的阶级冲突控制在不摧毁起码的社会秩序的范围之内？怎样才能使"自利的"人类不至于在"一切人反对一切人的战争"中同归于尽？这是当时欧洲人面临的一个非常实际的问题。正是在这种背景之下，民族国家作为社会仲裁机构和强制性社会控制机构出现了。民族国家的基本特征是中央集权，它是以牺牲封建特权、等级会议和大一统的基督教会为代价建立起来的。在中世纪王权的神圣色彩最为浓厚的法国，国王权力的扩张采取了"君权神授"的形式。路易十三时代的勒布雷说："可以得出这样的结论，我国历代君主的统治权仅仅来源于上帝，他们不必屈从人间的任何权势，他们享有完全、绝对的主权，在王国是至高无上的。"[1] 路易十四宣称"朕即国家"，是王国一切立法、司法和行政权力的来源。国王通过加冕时涂圣油的仪式、触摸治病的神迹显示自己的神性，并通过华丽的服饰、威严的举止以及大规模的庆典活动等拉大国王与臣民之间的距离，从而加深国王在臣民心目中半神半人的印象。然而，神秘的王权是以高度理性化的统治工具为后盾的。法国发展出当时欧洲所有国家中最为庞大的官僚机构和常备军。1550年法国的常备军仅为5万人，1700年上升到40万人。[2]

然而，在当时欧洲社会经济变革最为迅速的英国，绝对主义的发展相对缓慢。因为自"大宪章"以来，英国已牢固确立了

---

[1] 阿贝尔·索布尔：《法国大革命史》，马胜利、高毅、王庭荣等译，北京：中国社会科学出版社，1982年，第49页。

[2] John Miller, *Absolutism in Seventeenth Century Europe*, London: Macmillan Education, 1990, p. 7.

"国王在法律之下"（Debet rex esse sub lege）的传统，这一传统有效地阻止了君权神授以及最高权力是"必要的罪恶"等绝对主义思想的传播。即使那位宣称君权直接来自上帝的詹姆士一世也不得不承认是"法律将王冠戴在他的头上"。他本人无权制定法律，也不能在没有征得三个等级同意的情况下任意征税。[1] 加上英国远离战争频繁的大陆欧洲，缺少在和平时期维持一支常备军的正当理由，使得英国君主强制性贯彻自己意志的能力受到限制。因此，他们不得不通过有别于大陆欧洲的方式加强自己。父权主义就是在这种背景之下出现的。

二

政治上的父权主义不是以神秘的神权和抽象的契约原则为基础的，而是出于家和国的类比。国是家的扩大，君主是国家的父亲。因此，君主拥有父亲对子女那样自然的权力和权威。君父思想十分简单，毫无深奥的哲理可言，但恰恰是这种简单的道理缩短了政治和普通人生活经验之间的距离，使得政治变得易于理解，从而为君主和臣民之间的沟通打下了基础。

让我们从当时人的日常生活经验开始。直到大工业社会出现之前，欧洲人的家庭生活一直是家长式的。这一基本事实在亚里士多德的政治学、罗马法学和《圣经》中都有反映。不过在16、

1　S. J. Houston, *James I*, Harlow: Longman, 1995, p. 32.

17世纪家长的地位因宗教改革而得到了前所未有的加强。新教主张"因信称义",反对教会在救赎过程中的中介作用,这就大大降低了教士阶层的威望和地位。长期以来由教士阶层垄断的教牧职责转移到世俗首领尤其是家长身上。正如克里斯托弗·希尔教授所说:"通过降低教士阶层在社会中的权威,宗教改革自然而然地提高了家庭中世俗首领的权威。"[1]在英国,无论是国教还是清教都把家长当作家庭中的祭司,主持家庭成员和仆人的精神事务。惠特吉福特大主教说,家长们"负有指引家庭成员的责任,就像牧师有责任指引他们一样"[2]。清教牧师W.古奇在其著名的《家庭职责》中写道:"丈夫是妻子的牧师……他是家庭中的至上者,支配一切,主管一切;他是自己家中的君王。"[3]

16、17世纪家庭生活中家长制的强化还与宗教改革运动本身的性质有关。宗教改革发生在欧洲因社会变革出现"秩序危机"的时候,它的真正含义是"要废止一种非常松弛、在当时已几乎不见实施、近乎流于形式的控制,而倡导一种对私人生活和公共生活各个领域的一切行为都加以管理的控制方式"[4]。新教神学家对人性的看法比霍布斯还要阴暗,他们认为连刚出生的婴儿都是不可信任的。一位新教神学家说:"虽然他们还未长出罪孽的

---

[1] Christopher Hill, *Society and Puritanism in Pre-Revolutionary England*, London: Secker and Warburg, 1964, p. 385.

[2] Ibid.

[3] Coward, *Social Change and Continuity in Early Modern England, 1550–1750*, p. 109.

[4] 马克斯·韦伯:《新教伦理与资本主义精神》,于晓、陈维纲等译,北京:生活·读书·新知三联书店,1987年,第24页。

果实……[婴儿们]已带上了罪的种子,甚至可以说他们的整个天性都倾向于罪恶,因而禁不住要仇视上帝。"[1] 妇女也是不可信任的,因为她们感情脆弱,最易为魔鬼所惑。人类的原罪就是女人夏娃唆使亚当偷吃上帝的禁果而种下的。因此,妇女和儿童都必须处在家长的严格管束之下。新教神学家还认为秩序的重建必须从家庭开始,因为家庭是社会的基本细胞,稳定了家庭即可稳定社会;而且,家庭是培养服从性格的最好学校,一个懂得服从家长的人必定懂得服从家庭以外的权威。古奇说:"一个家庭是……一个小的政治共同体,一所能从中学到关于统治与服从原则及其道理的学校……所以我们可以说那些在家庭中不肯接受管束的次要成员,他们也很难在教会和政治共同体中接受应该的统治。"[2] 16世纪末17世纪初父权思想及其话语已经变得如此有影响力,以至于1625年柴郡首席治安法官理查德·格罗夫纳爵士为了激发陪审团对天主教徒的愤慨,将颠覆家庭秩序,进而颠覆社会作为他们的首要罪状。他宣称这些人"诱使我们的妻子和儿女放弃职责",使得儿女"不服从父母",妻子"不忠于丈夫",两者都"不忠于君主和国家"。[3]

较早将家庭生活经验运用于政治的是法国人波丹。波丹曾

---

[1] N. J. G. Pounds, *The Culture of the English People*, Cambridge: Cambridge University Press, 1994, p. 339.

[2] Susan Dwyer Amussen, *An Ordered Society: Gender and Class in Early Modern England*, Oxford: Basil Blackwell, 1988, p. 37.

[3] Richard Cust and Peter G. Lake, "Sir Richard Grosvenor and the Rhetoric of Magistracy", *Bulletin of the Institute of Historical Research*, Vol. 54, No. 129(1981), p. 42.

经是一个宪政主义者,信奉亚里士多德的混合政府论,但1562年以来法国的宗教战争改变了他的政治观点。1570年,也就是著名的"圣巴托罗缪节屠杀"爆发后第四年,他发表了《国家论》六卷。他在这本书中首次提出"国家主权"的概念,宣称主权是"绝对的、不可分割的、永恒的"。他希望通过加强国家主权以制止在上帝的名义下进行的内战。为了论证主权,即绝对君权的合法性,他运用了家国类比的方法。他给"国家"下的定义是"由若干户人家组成的合法政府"。家庭是私有的范围,国家是公有的范围。家长是私有范围的绝对主宰,君主是公有范围的最高权威,两者相通。他从家国类比的角度进一步指出反抗君主,即使暴虐的君主,都是不合法的。他说:"上帝的法告诉我们中伤父亲或母亲的人应当处死。即使父亲是贼、杀人犯、叛国者……我承认无论什么样的惩罚都不足以治其罪。但我还是要说这不是做儿子的该插手的事情。"同样的道理,"无论拥有主权的君主如何邪恶和残酷,做臣民的绝对不要做任何反对他的事情"。[1] 波丹的学说对于欧洲政治思想的发展意义重大:首先,他通过"主权"的概念确立了国家最高权力的合法性;其次,他将主权建立在家国类比的自然基础上,从而摆脱了神权政治的影响。

波丹的父权主义在英国受到欢迎的程度似乎比在法国更大,尽管英国人对他的学说做了某些修改。早在1581年,一位从

---

[1] Jean Bodin, "The Six Books of a Commonweale", in Gerald M. Pinciss and Roger Lockyer eds., *Shakespeare's World: Background Readings in the English Renaissance*, New York: Continuum, 1989, pp. 110-130.

法国归来的名叫查尔斯·默伯里的人就将波丹的学说介绍到英国。[1]1606年《国家论》六卷被译成英文,在英国广泛传播。詹姆士一世(1603—1625年在位)本人是否读过这本书尚无法肯定,但他的思想却同波丹有着惊人的相似之处。1610年3月他在议会的演说中对君主制的性质做了系统的、理论上的阐述。他说:"君主国是人世间万物之尊。"他列举了三个理由:"在《圣经》中国王被称为神祇,因而在某种程度上他们的权力相当于神权。国王也可以比作家庭的父亲,因为国王的确是parens patriae,其臣民的政治之父。最后,国王类似于微小人体器官中的首脑。"[2]可见,虽然詹姆士一世仍在使用神权政治的语言,但他已经在很大程度上将君权的合法性转移到了自然的基础上。

理查德·莫克特将父权制思想进一步系统化。1614年他出版了《上帝与国王》一书,他在书中写道:"臣民服从君主的义务是基于自然法的,从人之初即已开始。因为正如我们生而为子,我们也生而为臣。作为子,我们为人所生;作为臣,我们在他人的统治领域所生。"他还指出:"国家中子与父之间的义务关系比私家中的关系更高、更紧密。后者只涉及几个人的福利,但要是没有前者,即全民族和全国成千上万家庭共同养父的帮助和保护,他们不可能过上正当与和平的生活。"莫克特的著作深得詹姆士一世的赏识。他立即颁布敕令,要求每一位家长都必须购买它,

---

[1] J. W. Allen. *Political Thought in the Sixteenth Century*, London: Methuen, 1928, p. 250.

[2] Johann P. Sommerville ed., *King James VI and I: Political Writings*, Cambridge: Cambridge University Press, 1994, p. 181.

并要求每一所中学和大学都必须学习它。据称:"结果是(该书)销售量巨大。"[1]

英国内战前夕,王党分子罗伯特·菲尔默爵士撰写了《父权制,国王的自然权力》一书,将君父的权力发挥到顶峰。他宣称"人类不是天生自由的"。从这一基本观点出发,他进一步提出君王的权力是绝对的,不受人世间任何法律的制约。为了证实自己的观点,他除了重复莫克特关于臣民服从君主犹如子女服从父亲一样自然的道理外,还提出了"亚当的主权"论。他宣称,人类的先祖亚当由于父亲的身份拥有对其后裔的主权,这种初始的、基于自然的权力是后来一切君权的渊源和基础。在这里,菲尔默将父权与君权之间的类比发展到合二为一。[2] 菲尔默的著作出版于1680年,当时的英国处在因詹姆士继位问题引发的"排斥危机"之中,部分托利-国教派人士试图利用菲尔默的理论加强王权。然而,菲尔默的极端言论却使得父权主义声名狼藉,并直接导致洛克的天赋权利说的提出。在其著名的《政府论》两篇中,洛克用了整个上篇来反驳菲尔默的父权论。在下篇中,洛克进一步指出:"官长对于臣民的权力,同父亲对于儿女的权力、主人对于仆役的权力、丈夫对于妻子的权力和贵族对于奴隶的权力,是可以有所区别的。"[3] 这就解开了家国同构之结。他还指出,尽管子女出

---

1 Gordon J. Schochet, "Patriarchalism, Politics and Mass Attitudes in Stuart England", *The Historical Journal*, Vol. 12, No. 3(1969), pp. 434-435.

2 Collins, *From Divine Cosmos to Sovereign State*.

3 洛克:《政府论》,瞿菊农、叶启芳译,北京:商务印书馆,1996年,第4页。

世时和出世后一段时间受制于父亲，但这只是暂时的，"随着他们的成长，年龄和理性将解脱这些限制，直到最后完全解脱而能使一个人自由地处理一切为止"[1]。因此，将父亲的统治权以及由此引申的君权绝对化是没有道理的。

然而，菲尔默和洛克只是代表了当时英国人在政治问题上两极的观点。在这两极之间仍然存在着广泛的社会共识，这就是臣民负有服从君主及其所代表的国家的道德义务。詹姆士一世时代著名的宪政主义者、大法官科克认为，服从父亲以及国家的父亲是普遍的自然法所要求的。"自然法是上帝造人时为了存其性、明其心而输入人的心中的；这就是Lex Eterna（道德法），也称自然法。早在人世间最早的律法发布者和缮写者摩西将之抄录下来之前，上帝的子民一直受上帝用手指刻写在人心中的律法统治。使徒在《罗马书》第二章说：'没有律法的外邦人，若顺着本性行律法的事，他们虽然没有律法，自己就是自己的律法。''当孝敬父亲'（'摩西十诫'第五诫中的原文为'当孝敬父母'——笔者注）是道德法所要求的。对父亲的孝敬无疑也扩大到作为国家父亲的人身上。"[2] 1649年当保王党人卡配尔勋爵被议会党处死时，他表达了相同的论点："我是为保卫上帝亲自立下的关于尊敬和服从父母的第五诫而死的，我死而无怨。"[3] 可见，即使在宪政党人和保

1　洛克：《政府论》，第35页。
2　为了准确起见，本书中的《圣经》译文参照了国际圣经协会1996年8月出版的《圣经》（中英对照本）。Schochet, "Patriarchalism, Politics and Mass Attitudes in Stuart England", p. 438.
3　Ibid.

王党人之间仍然存在着某些共识。

父权主义也深深影响到普通民众。这一点在1649年1月公开处死国王的事件中表现得特别明显。在审判国王期间,一位名叫伊丽莎白·普尔的普通寡妇、女"先知"在陆军会议(The Council of the Army)作证时说:军队不应处死国王,因为"国王是你们的父亲和丈夫"[1]。1月30日国王受刑的情景震撼了围观群众。人群中除了发出同情和悲伤的呻吟外,没有任何兴奋的迹象。一位当年参与围观的男孩事后很久回忆道:"那样悲切的呻吟我过去从未听见过,但愿我今生再也听不到这样的声音。"劳伦斯·斯通教授评论道:"民众对公开处死国王的这种反应无疑反映了他们当时的感觉,这是一个民族的弑父行为:人民的父亲被公开谋杀了。"[2] 这种普遍存在的政治文化正是英国革命最后以妥协告终的深层根源。

三

但是,要是父权主义强调的仅仅只是下对上的服从的话,它就很难在16、17世纪的英国产生那样深刻的影响。事实上,父权主义除了下对上的服从之外,还包含着上对下的爱。用中国儒家的话说,这就是"尊尊"与"亲亲"的关系。作为一个正常的父

---

1 Amussen, *An Ordered Society: Gender and Class in Early Modern England*, pp. 61-62.
2 Lawrence Stone, *The Family, Sex and Marriage in England, 1500-1800*, London: Penguin, 1990, p. 110.

亲，"尊尊"与"亲亲"是缺一不可的。但在西方历史上由于政治方面的考虑，父权主义者大多只是单方面地强调"尊尊"，尤其是新教的"原罪论"使父亲对子女的权威达到无以复加的程度。[1]但是，尽管英国是一个新教国家，深受路德尤其是加尔文神学的影响，英国早期存在的基督教人文主义传统冲淡了新教神学中过分阴暗的成分。基督教人文主义者注重家庭关系中的亲情，对妇女、儿童不带偏见。他们认为夫妻是爱的伴侣，两者不应只是人体的结合，更应是心灵的结合。[2]他们是从这样的家庭观去想象国家的。被时人誉为"人文主义王子"的伊拉斯谟在《基督教君主的教育》一书中提出，君主应该用"一个良好的家长"所采用的同样准则来进行国家的"管理"，一个要求得到基督教君主称号的国王，应该成为一个"公正的、人道的、高尚的"人主。同马基雅维里的观点相反，伊拉斯谟主张君主应以自己的品德激发臣民的热爱之情，并在人民的拥戴之下实行统治。[3]伊拉斯谟的学说对亨利八世及其宫廷产生了重要影响。J. K.麦康尼卡认为，亨利八世的宗教改革不过是实现伊拉斯谟主义。[4]做一个人文主义倡导的"基督教君主"是亨利八世及其后继者的共同理想。人文主义的影响在詹姆士一世身上依然存在。他在1598年写道："根据

---

1 Pounds, *The Culture of the English People*, p. 339.
2 Ralph A. Houlbrooke, *The English Family, 1450—1700*, London: Longman, 1984, p. 32.
3 萨尔沃·马斯泰罗内：《欧洲政治思想史——从十五世纪到二十世纪》，黄华光译，北京：社会科学文献出版社，1998年，第28—34页。
4 James K. McConica, *English Humanists and Reformation Politics under Henry VIII and Edward VI*, Oxford: Clarendon Press, 1965, p. 199.

自然法，国王一经加冕就成为他所有臣民的自然父亲了。做父亲的必须承担养育、教育和以德管束子女的责任，国王对所有臣民更应如此。……做父亲的最大快乐应在于为子女谋求福利，为他们的幸福欢欣，为他们的不幸悲伤、痛惜，为他们的安全赴险，为他们的歇息劳作，为他们的安睡守夜。一句话，做父亲的要想到他尘世间的幸福和生命植根在和流淌在子女而不是他自己身上；一个好的国王应以同样的感情想到自己的臣民。"[1]詹姆士一世还告诫亨利王子："作为一个生而为王者，你注定要承担责任而不是享受荣耀：不是在地位和荣耀方面，而是在忠实地履行上帝赋予你的重要职责时日夜操劳，忍受巨大痛苦方面超出你所有的臣民。"[2]

父亲对子女的支配权是自然的，父亲对子女的爱也是自然的。一个虐待子女的父亲是违背人的自然本性的。按照当时人的观点，违背人的本性也就是违背上帝的意愿。以往的历史学家常常引用詹姆士一世1610年在议会演说中的一段话作为他是"一个绝对君主专制主义者"的明证。詹姆士一世说："的确可以把国王称作神，因为他对人世行使某种神权或类似的权力……上帝可以随意创造或毁灭、制造或销毁一切；可以赋予生命或宣判死刑，审判一切而不受任何审判；可以凭一时兴趣使低贱者高贵，使高贵者低贱……国王拥有类似的权力。"然而接下来他又对这种绝

---

[1] Pinciss and Lockyer eds., *Shakespeare's World: Background Readings in the English Renaissance*, p. 135.
[2] Houston, *James I*, p. 33.

对权力的使用做了种种限制:"因为虽然上帝既有创造或保护的权力,又有毁灭的权力,但他若将这种权力用于毁灭自然,改变整个事物的结构,这与上帝智慧是不相符的……同样,要是一个父亲在没有正当理由的情况下剥夺其子女的继承权和葬送他们,这样的父亲是愚不可及的。"[1]由此可见,詹姆士一世在引用神学语言为自己的绝对权力辩护的同时,又从经验或常识的角度对这种权力的运用施加了限制。事实上,詹姆士一世远不是一个绝对主义君主。终其一生,他主要是依靠道德的力量,并利用普通法保留给君主的、未经明确规定的权力,尤其是王室特权来加强自己的统治;他并未刻意将自己放到高于法律的位置。

都铎、斯图亚特王朝的君主不仅以"仁慈的父亲"想象自己,而且还力图按照这种想象去身体力行。在16、17世纪欧洲的君主中,他们的勤勉和对臣民的负责精神是十分突出的。1560—1660年是欧洲历史上经济局势严重恶化的时期,历史学家称之为"17世纪的危机"。由于人口压力加大,失业人口增加,瘟疫频繁发生,1586—1587年、1597—1598年、1622—1623年英国接连出现饥荒,英国君主在议会的支持下,采取了一系列行之有效的措施,使得英国平稳地渡过了危机。一些从事英国和大陆欧洲灾情比较研究的历史学家宣称,英国在16、17世纪已经率先走出了马尔萨斯的"人口陷阱"。[2]英国当时的措施或社会政策部分是以

---

[1] Sommerville ed., *King James VI and I: Political Writings*, pp. 181–183.

[2] Andrew B. Appleby, *Famine in Tudor and Stuart England*, Stanford: Standford University Press, 1978.

议会立法的形式颁布的,其中最著名的是1598年和1601年颁布的《济贫法》。根据上述法令,每个教区任命2—4名"贫民监护人",他们负责救济失去劳动能力的老弱病残者;给有劳动能力的贫民安置工作;安排和资助贫困家庭的孩子学徒。所有费用均来自向本教区居民征收的济贫税。但法律的实施要比颁布困难得多。英国没有职业的官僚队伍,法律和行政命令都是通过由乡绅担任的郡治安法官和教区富人贯彻落实的。他们并不欢迎《济贫法》和其他类似的社会政策,因为这将增加他们自身的负担。都铎、斯图亚特王朝的君主采用了一切可以利用的措施和手段,包括发布敕令、派出巡回法官、动用大法官对治安法官的罢免权等才强制性地将《济贫法》贯彻下去。[1] 1616年詹姆士一世还亲自到星室法庭,对即将出发到地方的巡回法官和部分在伦敦的郡治安法官做了长篇训示。除了晓之以理、动之以情之外,他还声色俱厉地谴责那些玩忽职守、只知以权谋私的地方官员,要求巡回法官提供信息,以便将他们"清除出去"。[2]

都铎、斯图亚特王朝的社会政策更多的是以国王敕令的方式颁布的。在1586年的饥荒中国王颁布了"赈灾令",规定灾年对谷物实行限价,并强迫大农户和粮商将囤积的粮食按公平价格出售;1577年颁布了"防疫令",要求对疫区实行隔离,疫区居民的生活费用由邻近教区提供。"赈灾令"和"防疫令"一直沿用到17世

---

[1] Rong Xiang, *The Staffordshire Justices and Their Sessions, 1603-1642*, Ph.D Thesis, University of Birmingham, 1996, Chapter 4.

[2] Sommerville ed., *King James VI and I: Political Writings*, pp. 204-228.

纪60年代。都铎、斯图亚特王朝的社会政策在1631年颁布的《条例集》(the Book of Orders)中趋于完善。《条例集》对处理当时英国面临的几乎所有的重大社会问题都做了详细规定，其中包括济贫、惩治流浪汉、建立劳教所、管制啤酒馆等。尤其重要的是，敕令要求郡治安法官在通常的季会之外分小区处理日常行政事务并对《条例集》的落实情况逐条向枢密院写出书面报告。这使得都铎、斯图亚特王朝社会政策的贯彻落实有了制度上的保障。E. M.伦纳德等人认为，《条例集》是查理一世父权主义的"奠基石"。[1]

都铎、斯图亚特王朝的父权主义并没有因为"英国革命"和"光荣革命"而完全消失。济贫制度不仅被保存下来，而且得到了进一步发展。更为重要的是，统治者对臣民负有道义责任的思想已渗透到统治者和被统治者的有意识和无意识之中，成为英国政治文化中的重要组成部分。英国著名的马克思主义史学家E. P.汤普森在对18世纪后期英国谷物骚动的研究中指出，骚动者并不是一伙没有头脑的乌合之众，他们认为他们的行动是合法的，"他们正在保卫传统权利和习惯"。而这种合法性的意识来源于他们对都铎、斯图亚特王朝父权主义政策的回忆。[2]

综上所述，父权主义是在英国从封建主义向资本主义过渡时

---

[1] Paul Slack, "Book of Orders: The Making of English Social Policy, 1577-1631", *Transactions of the Royal Historical Society*, Vol. 30(1980), pp. 1-22.

[2] E. P. Thompson, "The Moral Economy of the English Crowd in the Eighteenth Century", *Past and Present*, No. 70(1971), pp. 76-136.

期,为适应秩序和稳定的需要产生的,它为新兴民族国家的君主实施社会控制提供了合法性根据。但是,同大陆欧洲的绝对主义思想有所不同,它不是以神秘的神权为基础的,而是通过家国类比,从一般人的日常生活经验中引出服从君主及其所代表的国家的正当性和必要性,从而有助于君主和臣民之间的理解与沟通,有利于社会的长期稳定。同马基雅维里"工具理性"式的政治不同,父权主义重视政治的道德基础,强调统治者对臣民所负有的责任和义务,这在一定程度上阻止了暴君和暴政在英国的出现。父权主义有助于在16、17世纪的英国形成相对稳定的社会秩序,这是英国率先完成从封建主义向资本主义过渡的重要因素之一。[1]

(原载《史学月刊》2001年第1期)

---

[1] 早期近代英国社会秩序的相对稳定已经引起了西方学者的广泛重视。据统计,1580—1640年间英国共发生了40多起地方性农民骚动,但在同一时期,类似的骚动仅在法国的普罗旺斯一省就发生了400多起。资料源于笔者的博士论文指导教师理查德·卡斯特的课堂讲授。

经济与社会

哈克斯特豪森的"发现"
——俄国农村公社问题的提出及其影响[1]

1847—1852年,德国浪漫主义作家、保守的政治思想家哈克斯特豪森出版了著名的《对俄国的内部关系、人民生活特别是农村设施的考察》,首次向西欧公众介绍了俄国的农村公社。该书一出版立即引起轰动,西欧的保守党人和空想社会主义者皆欢欣鼓舞,他们分别从俄国农村公社身上看到了欧洲的希望。对于前者,农村公社是传统宗法社会的再现,借助于它西欧可以恢复被大革命破坏的秩序和稳定;对于后者,公社是他们梦寐以求的平等社会在现实世界的展示。作为考察对象的俄国也受

---

[1] 本文为2014年度国家社会科学基金重点项目"英国农业的传统与近代化研究"的阶段性研究成果,曾提交2007年10月26—28日在上海复旦大学举行的"第四届全国世界史研究论坛:世界历史中的个体、群体与社会"讨论,陕西师范大学的李玉君教授、南京大学的刘成教授提出了宝贵意见,有助于文章的修改提高,特此感谢。

到冲击。[1] 该书的出版引发了俄国历史上从未有过的"史学喧闹"（historiographical brouhaha），据统计，1855年之前仅有五本关于俄国农村公社的著作出版，但到1861年农奴制改革时已有100多本问世；19世纪最后25年更是有多达2000种同主题的书和文章出版或发表。[2] 我国学界对俄国的农村公社问题也很感兴趣，[3] 除了纯学术的原因之外，还包含着对作为农业大国的中国如何发展的问题的现实思考。但是，已有的研究大多集中在农村公社本身，以及农村公社与俄国历史发展道路的选择，特别是与"民粹派""村社社会主义"的关系方面，对于公社的"发现者"哈克斯特豪森却很少关注。S. 弗雷德里克·斯塔尔说："在奥古斯特·冯·哈克斯特豪森男爵（1792—1866）逝世后一个世纪，他的著作差不多被完全忽视了，除了偶尔提及，很少有人阅读。他的名字只有在与他对俄国农民公社组织的研究联系起来时才会被人想起。"[4] 我们

---

[1] 埃策基尔·阿达莫夫斯基说："事实上，是德国的保守主义作家奥古斯特·冯·哈克斯特豪森男爵为欧洲公众（包括俄国人）发现了'米尔'［公社］的真实存在，他的三卷本《对俄国的内部关系、人民生活特别是农村设施的考察》，立即被译成法语和其他语言，产生了巨大影响。" Ezequiel Adamovsky, "Russia as the Land of Communism in the Nineteenth Century? Images of Tsarist Russia as a Communist Society in France, c.1840-1880", *Cahiers du Monde Russe*, Vol. 45, No. 3/4(2004), p. 498.

[2] Dorothy Atkinson, *The End of Russian Land Commune, 1905-1930*, Stanford: Standford University Press, 1983, p. 20.

[3] 曹维安：《俄国1861年农民改革与农村公社》，《陕西师范大学学报》1996年第4期，第134—139页；金雁、卞悟：《农村公社、改革与革命》，北京：中央编译出版社，1996年；张广翔：《十九世纪俄国村社制度下的农民生活世界》，《历史研究》2004年第2期，第160—173页。

[4] S. Frederick Starr, "August von Haxthausen and Russia", *Slavonic and East European Review*, Vol. 46, No. 107(1968), p. 462.

认为这是不恰当的，因为哈克斯特豪森不只是引发了人们对俄国农村公社的关注，事实上，他还在一定程度上塑造了他所"发现的"俄国农村公社。因此，弄清哈克斯特豪森本人的思想和活动是必要的。本文拟根据他本人的著作和相关材料，围绕他是怎样发现俄国农村公社的，以及他是怎样直接或间接地影响19世纪中后期俄国历史发展的等问题，做一些粗浅的探讨。

一

18、19世纪欧洲发生了两次大革命：一次是英国的工业革命，一次是法国大革命。两次革命的冲击和影响很快越出英法两国，波及全世界，其中首当其冲的是紧邻英法的中欧和东欧。两次革命彻底改变了欧洲，田园风味的乡村生活消失了，旧制度下僵硬的等级社会结构被摧毁了，市场经济和民主化政治浪潮荡涤欧洲的每一个角落。变化如此剧烈，加之资本主义发展带来的种种弊端，使许多人因这种原因或那种原因感到不安。19世纪上半叶，在欧洲，特别是在德意志和俄罗斯，出现了一股巨大的浪漫主义思潮。浪漫主义者批判文明、技术和进步，认为资本主义社会唯利是图，导致人性堕落，丧失理想和情操，他们要求返璞归真，回到尚未受到文明腐蚀的充满人性、纯真和博爱的远古时代。一部分政治上的浪漫主义者鼓吹建立公有社会，阿达莫夫斯基将他们称为"鼓吹公有社会的浪漫主义者"（communitarian Romantics），认为他们的思想对社会主义者和力图重建秩序的保守派同样具有吸引力。他说:"生活在'公有'之中想必是社会主义者和最极端的贵族右翼共同的目的,[它是]前者盼望的未来,后者思念的过去。"[1]

可以说,哈克斯特豪森是"鼓吹公有社会的浪漫主义者"中最具代表性的人物之一。他出生在威斯特伐利亚的一个天主教贵族家庭,大学期间就爱上了文学,并成为一名活跃的浪漫主义作家。他办过民间文学杂志,写过民歌和民间故事,与著名的德国童话作家格林兄弟交往甚密,并参与过他们的童话收集整理工作。哈克斯特豪森还参加过1813年反对拿破仑的大会战,对于他来说,他一生中最阴暗的一页是法国大革命和拿破仑对他家乡的占领。1842年他在同俄国官员的首次通信中回忆道:"我当时目睹了法国革命政权给所有阶级和等级造成的混乱;我看到了自由是怎样在平等与自由的表象面前消失的,看到了所有与生俱来的特权,包括庄园主的家长制权力,连同常常要经过数世纪的善行获取的尊重是怎样消失的。"[2]对法国大革命的仇恨使他成为政治上保守的浪漫主义者,他反对启蒙运动提倡的理性、社会契约和机械论世界观,鼓吹建立中世纪神学家所宣扬的"有机共同体",即相互依赖的等级社会。

哈克斯特豪森最关心的是重建受到西方市场经济侵蚀,特别

---

[1] Ezequiel Adamovsky, "Russia as a Space of Hope: Nineteenth-Century French Challenges to the Liberal Images of Russia", *European History Quarterly*, Vol. 33, No. 4(2003), p. 413.

[2] S. Frederick Starr, "Introduction to *Studies on the Interior of Russia*", Chicago and London: University of Chicago Press, 1972, p. xli.

是受到法国大革命冲击的德国乡村社会秩序。《拿破仑法典》的推行使德国农民成为真正的土地私有者，封建领主的权威被削弱，农民中间也出现了贫富分化。哈克斯特豪森认为，土地私有制是18、19世纪西方国家动乱不已的社会根源，如果不及时清除《拿破仑法典》的影响，德国将成为下一个爆发革命的国家。哈克斯特豪森保守的政治立场得到了普鲁士国王腓特烈·威廉四世的赏识，他被邀请到柏林做政府顾问，从事普鲁士乡村社会调查。哈克斯特豪森利用国王提供的机会跑遍了德国的大部分地区，他希望找回古老的日耳曼农村公社传统，但他遗憾地发现在西方价值观念的影响下，德国农民中的合作精神几乎荡然无存。与此同时，他提交给国王的种种不切实际的建议受到了普鲁士训练有素的行政官员的抵制。莱茵省政府在给中央的报告中说："就是这位冯·哈克斯特豪森先生，他自己的写作表明他对我们历史和环境的ABC都不知道，居然还要将专家意见传达给我们！"[1] 1842年5月，普鲁士政府终止了对他的经费资助，他的乡村复古计划只好草草收场。

德国的失败使这位日耳曼民族主义者将希望的目光投向了"非日耳曼"的俄罗斯，这里由于长期游离于欧洲社会经济发展的主流之外，农村公社的传统保留得更充分一些。事实上，早在普鲁士政府终止对他的资助之前，哈克斯特豪森就已经提出了农

1　T. K. Dennison and A. W. Carus, "The Invention of the Russian Rural Commune: Haxthausen and the Evidence", *The Historical Journal*, Vol. 46, No. 3(2003), p. 564.

村公社的"斯拉夫"起源说，反映出他的兴趣转移。他说现在的德国曾经遍布"斯拉夫"模式的村落，由于过去一个世纪的日耳曼化，"斯拉夫"模式的原始特征逐渐消失，但它们在巴尔干半岛和俄国的斯拉夫人中间还完整地保留着。[1]因此，俄国是研究原始农村公社的理想去处。

尽管哈克斯特豪森不懂俄语，先前对俄国也毫无研究，但他深信俄国的内部生活是独一无二的，"不可能通过与其他民族类比做推断"[2]。哈克斯特豪森的言论正好迎合了当时沙皇政府鼓吹的"官方民族性"理论，沙皇尼古拉一世邀请他到俄国继续从事研究。1843年他在沙皇为他配备的学术助手和翻译的陪同下，对俄国乡村进行了为期半年左右的实地考察，回国后撰写了《对俄国的内部关系、人民生活特别是农村设施的考察》。该书分三卷出版，1847年出版了前两卷，1852年出版后一卷。

哈克斯特豪森指出，俄国的农村公社是独特的，它不同于欧洲一般意义上的公社。"在欧洲它是一个集合体，一种自上而下的等级，一群碰巧居住在一起的人，他们的关系被惯例、习俗和法律规定下来。在斯拉夫国家，公社是一个家庭组织。起初为扩大的家长制家庭，今天它仍然至少是建立在集体财产和长者主事之上的虚拟家庭。"[3]

1　Dennison and Carus, "The Invention of the Russian Rural Commune: Haxthausen and the Evidence", pp. 566-567.

2　Starr, "Introduction to *Studies on the Interior of Russia*", p. xix.

3　August von Haxthausen, *Studies on the Interior of Russia*, Chicago and London: University of Chicago Press, 1972, p. 6.

农村公社的核心是土地公有制。哈克斯特豪森说，在俄国的农村公社，"森林和牧场总是不分割的；耕地和草地分配给公社里的各家庭，但是他们并不拥有而只是暂时有权使用它。过去，份地也许每年都在公社已婚夫妇中重新分配一次，为了平等起见，每对夫妇都得到与其他所有人同等的份额。但现在为了避免花费和极大的不便，土地经过一定年头后才再按比例分配"[1]。后来，人们将哈克斯特豪森描述的俄国农村公社称为"重分公社"（repartitional commune）。[2]

公社是按照家长制原则组织起来的，哈克斯特豪森说："在俄国家庭中，盛行百分之百的权利平等。然而，只要家庭还被维系在一起，作为一个单位，父亲就是首领，或者在他死后，长兄。只有他一人拥有处理共同体内所有财产、决定每个家庭成员分配份额的绝对权力，这种权力对他来说是绝对必需的。扩大的家庭是俄国公社。……公社也有其虚拟的父亲，长者，或'村长'，对他的服从是无条件的。"[3]

俄国的家长制原则并没有停留在公社一级，它一直向上延伸，直至沙皇。哈克斯特豪森说："按照传统的普遍信念，俄国是属于俄国人民的，他们虽然分成一群又一群公社，但在其首领，父亲、沙皇的权威下组成一个单个的家庭。因此，只有沙皇一人

---

[1] Haxthausen, *Studies on the Interior of Russia*, p. 279.
[2] Dennison and Carus, "The Invention of the Russian Rural Commune: Haxthausen and the Evidence", p. 566.
[3] Haxthausen, *Studies on the Interior of Russia*, p. 9.

有权管理所有事务,服从他是无条件的。对于俄国人来说限制沙皇的权力是完全不可想象的。"[1] 在哈克斯特豪森看来,俄国的社会政治组织是自然产生的,是有机的,因而也是最稳定的。他将俄国称为"家长制国家",以区别于欧洲的"封建国家"。[2]

正如研究哈克斯特豪森的学者指出的,他研究俄国是出于政治的需要,他要寻找一种能抵制当时欧洲社会变革,尤其是消除革命隐患的济世良方。[3] 他在书中一次又一次地表达了他的政治愿望。他在序言中说:"因为每一个俄国人都属于一个公社,他作为公社的一员由此有权拥有一块均等份额的土地,因此,在俄国没有诞生无产阶级。在其他所有欧洲国家,社会革命的先驱们对财富和财产义愤填膺。废除继承权、平分土地是他们的口号!在俄国这种革命是不可能的,因为欧洲革命家的乌托邦已经存在在那里,[它]深深扎根在俄国民族的生活之中!"[4]

1848年欧洲革命的爆发使俄国的经验变得更加重要,在1852年出版的《考察》第三卷中,哈克斯特豪森进一步论述了农村公社在保持俄国社会稳定方面所起的重要作用,呼吁俄国人保持本民族的特色。他写道:"特别是在现在,俄国的农村公社组织对于俄国有非常重要的政治价值。所有西欧国家都遭遇到一种罪恶:

1　Haxthausen, *Studies on the Interior of Russia*, p. 9.

2　Ibid.

3　Starr, "Introduction to *Studies on the Interior of Russia*", pp. vii–xlv; Dennison and Carus, "The Invention of the Russian Rural Commune: Haxthausen and the Evidence", pp. 561–582.

4　Haxthausen, *Studies on the Interior of Russia*, p. 10.

贫穷和'无产阶级化',它威胁着要毁灭这些国家,而且对于它人们还无药可治。由于受到公社组织的保护,俄国避免了这一罪恶。每一个俄国人都有一个家,有一份属于他的公社土地。要是他本人以某种方式放弃或失去了它,他的孩子作为公社成员仍然有权要求他们自己的一份。在俄国没有暴民,只有人民。"他接着说:"照我看来,破坏这一原则(指公社组织——笔者注),或哪怕只是修改它都绝对是极其危险的。"[1]

二

哈克斯特豪森的警告受到了沙皇政府的高度重视,A. 格申克龙认为在哈克斯特豪森的影响下,保护农村公社很自然地成为沙皇政府后来几十年土地政策的指导性原则。直到1905年革命爆发,才最终打破了沙皇政府对农村公社的幻想,迫使他们改弦易辙。[2] 事实上,哈克斯特豪森的作用远不止于此,除了思想方面的影响外,他还直接参与了俄国农奴制改革的酝酿和政策制定过程,并使得改革朝着他所期望的方向发展。

农奴制的存废是19世纪俄国历史上最重大的问题,任何对俄国感兴趣的外国人都不能回避这一问题,哈克斯特豪森也不例

---

[1] Haxthausen, *Studies on the Interior of Russia*, p. 292.
[2] A. Gerschenkron, "Agrarian Policies and Industrialization: Russia 1861−1917", in H. J. Habakkuk and M. Postan, *The Cambridge Economic History of Europe*, Cambridge: Cambridge University Press, 1965, Vol. VI, p. 750.

外。哈克斯特豪森主张废除农奴制，但坚持认为应该将获得解放的农民留在农村，以避免出现西欧国家的城市化和无产阶级化现象。早在1842年，他就向负责国有农民改革工作的俄国国有资产部大臣基谢廖夫伯爵表达了这些看法，他的观点通过后者在彼得堡统治阶层广为传播，并引起重视。正因为如此，他计划中的俄国之行被寄予了很高的期望，迈恩多夫伯爵说："许多知道哈克斯特豪森的人似乎认为，他的访问将十分有助于我们的政府说明为实现永久性废除农奴制所应采取的措施。"[1] 访问期间，他按照基谢廖夫伯爵的意愿，会见了在彼得堡参加商讨改善农民生活状况的俄国波罗的海省份的德意志贵族代表，他坦率地告诉他们，要使农民免于贫困，唯一的办法就是提供给他们土地。[2] 但是，由于沙皇尼古拉一世在农奴制问题上态度顽固，在他统治时期哈克斯特豪森的改革设想未能实现。

1855年，沙皇亚历山大二世继位，农奴制改革问题出现转机，哈克斯特豪森加紧了活动。他对俄国政策的影响主要是通过他的热心支持者、亚历山大二世的叔母叶莲娜·巴甫洛夫娜大公夫人，经过两人的多次会晤，大公夫人于1856年向亚历山大二世提交了在她领地所在的卡尔洛夫卡进行农奴制改革的方案。但该方案被沙皇拒绝了，因为他认为改革最好是由贵族们主动进行，而不是方案主张的由国家强制推动。叶莲娜·巴甫洛夫娜并没有气

---

[1] Starr, "Introduction to *Studies on the Interior of Russia*", p. xxxiv.

[2] Ibid.

馁,为了使方案更具权威性,她将当时最知名的一批农民问题专家召集到她在德国黑林山的维尔德巴德度假地进行讨论。哈克斯特豪森是这批专家中的核心人物,他事前为这个非官方的委员会准备了一份指导性意见,并在讨论期间负责起草文件,其中相当一部分反映了他个人的一贯立场,比如他在呈交给大公夫人的一份长达34页的备忘录中呼吁进行一场充分利用传统资源的、没有先例的俄国式解放运动。按照这种设想,解放后的农民将继续留在农村,而不是流向城市或建立孤立的个人农庄。要达到这一目的,必须使农民得到一块适量的土地,并且土地是以集体而非个人的形式占有的。他的这些思想反映到修改后的"卡尔洛夫卡"方案中,这个方案后来成为1861年《农奴解放法令》的重要蓝本。[1]

但对于大公夫人和维尔德巴德的非官方委员会来说,当时首要的问题还不是方案的具体内容,而是如何说服亚历山大二世同意政府介入。在这方面,哈克斯特豪森起了决定性作用。1857年6月他通过外交大臣戈尔查科夫给沙皇递交了一份备忘录,备忘录中有他经过再三考虑补加进去的一段文字,他说:

> 农奴的解放问题,尽管是俄国的特殊问题,同时也是一个政治问题,因此它不仅对俄国,而且对欧洲其他国家同样

---

[1] Starr, "Introduction to *Studies on the Interior of Russia*", pp. xxxvii–xxxviii; W. Bruce Lincoln, "The Karlovka Reform", *Slavic Review*, Vol. 28, No. 3(1969), pp. 463–470.

至关重要。对于这一点我越来越确信无疑,特别是根据权威消息得知马志尼的激进党派和他在英国的同伴们对于俄国发生一场社会革命寄予很高的期望之后。经验本身告诉我们,这个党派的领导人并非不现实的梦想家,而是真正狡猾并有洞察力的人。[1]

很显然,哈克斯特豪森想用革命的危险恫吓年轻的沙皇,逼使他在农奴制改革问题上采取主动。他进一步指出政府行动的紧迫性,他说:"在关乎民族存亡的至关重要的问题上放任自流是不能容忍的,国家不得不立即行动起来,既深思熟虑又积极地参与到问题的解决中去,以便事件的发展(尽管它们已经走在前面)不至于左右政府并导致它的垮台。"[2]

哈克斯特豪森的策略取得了成功,亚历山大二世在备忘录上批写道:"完全正确,这正是我主要担心的。"[3] 在沙皇的指示下,政府部门迅速行动起来,处于停顿状态的秘密委员会重新开展工作。1857年12月,亚历山大二世下诏成立省级贵族委员会,草拟"改善地主农民生活"的方案,俄国的农奴制改革进入准备阶段。

1857年的诏令发布以后,政府主导下的改革已成定局,但在改革的具体方案方面还存在着重大分歧。有人主张不带土地解放农民,还有人提出在废除农奴制的同时废除农村公社,因为公社

---

1 Starr, "Introduction to *Studies on the Interior of Russia*", p. xxxviii.

2 Ibid., p. xxxix.

3 Ibid.

的存在不利于农业劳动生产率的提高,这些都是与哈克斯特豪森的改革设想相矛盾的。哈克斯特豪森主要关心的是如何避免出现像英国那样的农民与土地的分离,因此,他赞成带土地解放农民,但要保证获得土地的农民留在土地上。早在40年代初他在给基谢廖夫伯爵的信中就明确指出:"给农民个人自由而没有首先通过他自身对农业生产的兴趣而将之束缚起来,这种做法不仅是错误的,而且是危险的。"[1] 在哈克斯特豪森看来,农村公社是防止农民脱离土地的牢固屏障。为了赢得支持,他向沙皇及其顾问提交了一份准备充分的报告,力陈保护公社土地所有权的必要性;[2] 与此同时,他还于1858年用法文撰写了一本关于公社问题的小册子,参加当时的大辩论。[3] 哈克斯特豪森的主张引起了政府要人的共鸣,在审理改革草案时,农民事务总委员会委员兼编纂委员会主席雅·伊·罗斯托夫采夫否决了不带土地解放农民的方案,因为这会引起农民暴动,他说:"我认为,我们把农民同土地割裂,就会点燃俄国。"[4] 他还拒绝废除农村公社,他说:"在我们的文献中,人们可以发现许多关于公社是怎样形成的讨论和争论;但无论如何,公社存在于俄国,我们仍然需要它们,因此它们理所当然应该被保留。"[5]

---

1 Starr, "Introduction to *Studies on the Interior of Russia*", p. xl.

2 Ibid.

3 Gerschenkron, "Agrarian Policies and Industrialization: Russia 1861–1917", p. 750.

4 孙成木、刘祖熙、李建主编:《俄国通史简编》(下册),北京:人民出版社,1986年,第106页。

5 Starr, "Introduction to *Studies on the Interior of Russia*", p. xl.

在1861年2月19日颁布的《农奴解放法令》和政府的后续政策中,哈克斯特豪森的设想得到了充分体现。根据《法令》,农村公社得到了官方正式的承认,它们被称为"村社"(Obshchina),成为地主权力退出后新的农民管理机构。在村社体制下,农民与土地的结合更加紧密,《法令》规定农民以集体而非个人的身份获得土地,村社拥有土地所有权,农民只是以份地的形式占有土地。与此同时,农民要集体偿付"赎地费",并承担国家赋税和对地主的义务。为了保证农民履行各种责任和义务,村社实行连环保制度,并给想退社的农民设置重重障碍,比如改革后的第一个九年期农民不得退社,九年期过后退社也要经过村社三分之二以上的农户同意等。[1]

由此可见,哈克斯特豪森对俄国农奴制改革的介入之深。从长时段的角度看,他介入的影响是消极的,它使俄国的这场现代化运动偏离了正确的轨道。格申克龙认为村社的保留阻碍了俄国政府迅速工业化的目标。[2] 俄国历史学家米罗诺夫则说,"由于国家试图通过加强村社的作用来弥补地主权力的丧失,农民依然全面依附于集体",他将这种状况称为"集体农奴制"。直到1905年斯托雷平改革,农民才得到了无须村社同意便可自由退社的权利,他借用20世纪初俄国改革家的提法,这是"农民的第二次解放"。[3]

---

1 曹维安:《俄国1861年农民改革与农村公社》,《陕西师范大学学报》1996年第4期,第135页;Atkinson, *The End of the Russian Land Commune, 1905–1930*, pp. 26–27.

2 Gerschenkron, "Agrarian Policies and Industrialization: Russia 1861–1917", p. 754.

3 鲍里斯·尼古拉耶维奇·米罗诺夫:《俄国社会史》(上卷),张广翔等译,济南:山东大学出版社,2006年,第407—408页。

三

哈克斯特豪森还影响了俄国的社会主义运动，阿达莫夫斯基说："读他的书，一些社会主义者发现不难将这位男爵比较保守的结论搁置一边，仅仅提取他所发现的没有私有财产的平等主义公社。他们容易虚构出在贵族、官僚和独裁统治三重压迫之下残存的完全俄国式或者斯拉夫式的社会原则。因此，哈克斯特豪森的发现——尽管他的保守目的——最后以社会主义乌托邦的组成部分而告终。"[1] 此话一点不假，俄国"民粹主义的真正创始人"赫尔岑，[2] 一方面批评哈克斯特豪森有"对奴役制的狂热的爱"[3]，另一方面又从他的著作中吸取了关于农村公社体制下的俄国农民是天然的社会主义者的思想。

革命导师恩格斯在同"民粹派"分子特卡乔夫的论战中谈到过哈克斯特豪森对赫尔岑的影响，他说："赫尔岑，这位被吹捧为革命家的泛斯拉夫主义文学家，从哈克斯特豪森的《对俄国的概论》[4] 中得知，他的庄园里的农奴不知道有土地私有，而且时常在相互之间重新分配耕地和草地。"在恩格斯看来，这不过是所有

1　Adamovsky, "Russia as a Space of Hope: Nineteenth-Century French Challenges to the Liberal Image of Russia", p. 433.

2　佛朗科·文图里语，参见 Franco Venturi, *Roots of Revolution: A History of the Populist and Socialist Movements in Nineteenth Century Russia*, London and Beccles: William Clowes and Sons, 1960, p. 1。

3　Starr, "Introduction to *Studies on the Interior of Russia*", p. xl.

4　即《对俄国的内部关系、人民生活特别是农村设施的考察》。

民族在一定发展阶段上的共同现象，"然而作为一个泛斯拉夫主义者，这位充其量不过是个口头社会主义者的赫尔岑，却从中发现一个新的口实，使他能够在这个腐朽的西方面前用更鲜明的色彩来描述自己'神圣的'俄罗斯和它的使命——使这个腐朽的、衰老的西方返老还童和得到新生，必要时甚至不惜使用武力。老朽的法国人和英国人无论怎样努力都不能实现的东西，俄国人在自己家里却有现成的"。[1] 恩格斯的看法至今仍为国内外多数学者所认同，[2] 但中国社会科学院世界历史研究所的马龙闪研究员对此表示怀疑，他不相信一个俄国地主居然要从一个来自普鲁士的外国人那里得到有关村社的思想。他根据苏联时期的学者 C. C. 德米特里耶夫一篇未发表的论文，结合自己对赫尔岑的研究，指出赫尔岑对村社问题的了解，完全是从俄国斯拉夫派那里得到的。他还指出就连哈克斯特豪森本人关于俄国村社的思想观念也是从斯拉夫派那里得来的。[3]

马老师的怀疑是有一定道理的，事实上，他不是第一个提出这种质疑的人。早在1858年，一位名叫科谢列夫的斯拉夫派分子

---

[1] 恩格斯：《论俄国的社会问题》，《跋》，收入《马克思恩格斯文选》第四卷，北京：人民出版社，2009年，第451—452页。马克思也说："这位文学家不是在俄国而是在普鲁士顾问哈克斯特豪森的书里发现了'俄国的'共产主义。"同上，第461—462页。

[2] Starr, "Introduction to *Studies on the Interior of Russia*", p. xxxiii; Dennison and Carus, "The Invention of the Russian Rural Commune: Haxthausen and the Evidence", p. 568; 曹维安：《俄国的斯拉夫派与西方派》，《陕西师范大学学报》1996年第2期，第132页。

[3] 马龙闪：《赫尔岑村社思想的来源——对"哈克斯特豪森说"的辨正》，《世界历史》2003年第5期，第98—104页。

就以愤愤不平的口吻说："一个访问我国的德国人，为我们的'学人'指路，要他们认真研究那些他们过去未曾认真对待过的事物……"[1] 赫尔岑本人似乎也不愿意承认哈克斯特豪森的影响，马老师查阅过他著作中谈到哈克斯特豪森的地方，发现"赫尔岑无论在任何一个地方，一次也没有讲过，是哈克斯特豪森使他本人或俄罗斯的什么人领悟了有关村社的思想"。相反，赫尔岑说，K.阿克萨科夫"在40年代初就宣传了农村公社、米尔和劳动组合。他教哈克斯特豪森懂得了这些问题，而他本人直到少年时代都是一个把裤子塞进长筒靴、穿着斜领衫的人"。[2] 尽管如此，我们仍然不能就此认为赫尔岑的村社思想与哈克斯特豪森毫无关系。

马老师认为哈克斯特豪森是1843年5月访问莫斯科期间才最先从斯拉夫派那里了解到俄国村社问题的，而此时的赫尔岑也已通过自己与斯拉夫派的交往了解了这一问题。他的证据是哈克斯特豪森本人的言论。哈克斯特豪森在1852年出版的著作第三卷前言中曾谈到过他是在何时、由何人指点开始注意俄国的农村制度问题的。他写道，早在1843年5月，在莫斯科引起他注意俄国农村机构特点的，是这里的一些学者和文学家，包括K.阿克萨科夫、霍米亚科夫、基列耶夫斯基兄弟、萨马林和梅利古诺夫等。[3] 但实际

---

[1] Venturi, *Roots of Revolution: A History of the Populist and Socialist Movements in Nineteenth Century Russia*, p. 724, No. 66.

[2] 马龙闪：《赫尔岑村社思想的来源——对"哈克斯特豪森说"的辨正》，第99页。

[3] 同上，第100页。

上,哈克斯特豪森在书中是这样说的:"然而,对于我来说,最有启发性和最令人感兴趣的是我与俄国贵族中有抱负的年轻人的交往。他们几乎全都是热忱的俄国爱国者,我的俄国国民生活概念对他们有吸引力,因此我在他们中间得到了最热情、最善意的接待。"接下来,他列举了上述学者和文学家。[1] 从哈克斯特豪森的言论中,我们似乎可以这样认为,他对俄国村社问题的研究很可能受到上述这些人的启发和帮助;反过来,他也影响他们,尤其是在理论和概念的层面。不过,我们很难从中得出他对俄国村社问题的最先了解是来自这些人的结论。

据我们对哈克斯特豪森的了解,他从1830年起就开始了他的乡村社会调查,尽管他还没有对俄国实地考察的经验,但他对农村公社问题的认识要比上面提到的那些浮躁的年轻人深刻得多。事实上,在访问俄国之前,他已经开始了对斯拉夫农村公社的研究。在1842年出版的著作中,他描述了在普鲁士边缘地区残留下来的"斯拉夫"模式的农村公社,他说在公社中"一个绝对基本的内容是单个公社成员明显不拥有他所耕种土地的依法有效的、真正的土地所有权,而只是一定范围内用益权类别的占有权。只有共同体——公社,才是真正的所有者,公社成员以类似合作社的形式享有他们的份地"[2]。他还发表文章盛赞俄国的农村公社,称

---

[1] Haxthausen, *Studies on the Interior of Russia*, p. 226. 事实上,无论是1852年的德文版第三卷、1853年的法文版第三卷还是1972年的德文版英节译本,都没有马文提到的《前言》,关于他与上述这些人的交往出现在第一章开篇之后。

[2] Dennison and Carus, "The Invention of the Russian Rural Commune: Haxthausen and the Evidence", p. 566.

"此类俄国农村公社是一种完备的、最有效组织的小小共和国"[1]。他的这些论述与后来他考察俄国后得出的结论几乎如出一辙,正因为如此,T. K. 丹尼森和A. W. 卡勒斯怀疑哈克斯特豪森的俄国农村公社是这位浪漫主义者事前设计好了的,他对俄国的考察只不过是套用自己的设计罢了。[2]由于缺少足够证据,我们对此不敢轻易同意。但哈克斯特豪森在遇上俄国的斯拉夫派之前对农村公社问题,包括俄国的农村公社问题就有了较为深入的了解却是可以肯定的。

如果哈克斯特豪森的村社思想有着独立的起源,那么他与赫尔岑以及后来的"民粹派"又是什么关系呢?对此,意大利史学家佛朗科·文图里有过一个较为合理的解释。他认为在哈克斯特豪森到来之前,俄国的民族主义者,包括19世纪40、50年代出现的"斯拉夫派",就已经研究过自己的"村社",这是再自然不过的事情;属于"西方派"的赫尔岑,也受过"斯拉夫派"村社思想的影响。但是,他坚持认为,要不是哈克斯特豪森对俄国乡村生活系统的、潜心的研究,农村公社问题不可能对俄国人,包括赫尔岑产生如此之大的影响。[3]他引用了1843年赫尔岑在莫斯科会见哈克斯特豪森后在日记中所写的一段话:

---

[1] Dennison and Carus, "The Invention of the Russian Rural Commune: Haxthausen and the Evidence", p. 567.

[2] Ibid.

[3] Venturi, *Roots of Revolution: A History of the Populist and Socialist Movements in Nineteenth Century Russia*, pp. 19–22.

他对我们农民的生活、领主的权力、乡村警察以及一般性行政清晰的描述令我惊讶。他将农村公社看作从远古保存下来的重要因素,它应该根据当今的要求加以发展。他认为农奴的个体解放,无论是带土地还是不带土地,都是有害的。这只会导致孤立的、软弱的家庭去面对乡村警察可怕的压迫,去同俄国的官僚恐怖统治相对抗。[1]

这段文字表明,两人的谈话给赫尔岑留下了很深的印象。按照文图里的解释,日记还表明谈话引起了这位革命民主主义者对于如何利用农村公社抵抗现代国家干预的思考。[2]

但是,哈克斯特豪森对赫尔岑产生真正的影响,还是在他的《对俄国的内部关系、人民生活特别是农村设施的考察》发表之后,特别是经过1848年的欧洲革命,赫尔岑本人对西欧社会主义的幻想破灭之后。用这位俄国流亡者自己的话说:"……我的精神回到了我的祖国。对俄国的信仰将我从精神崩溃的边缘挽救了回来。"[3] 从此以后,他开始探讨"俄国社会主义"道路。按照赫尔岑的设想,"俄国社会主义"将避免西欧出现过的资本主义发展阶段,以及与此相伴的社会不公和罪恶现象,特别是无产阶级化。

---

1 Venturi, *Roots of Revolution: A History of the Populist and Socialist Movements in Nineteenth Century Russia*, p. 22.

2 Ibid.

3 Alexander Herzen, *Letters from France and Italy, 1847—1851*, Pittsburgh and London: University of Pittsburgh Press, 1995, p. xxviii.

哈克斯特豪森的村社思想给了他很大启发，他说："哈克斯特豪森完全正确：俄国农村公社的社会结构中包含着伟大的真理。公社是财产所有者和税收对象；它使乡村无产阶级在俄国产生成为不可能。"[1] 赫尔岑还宣称："俄罗斯民族生活的合理而自由的发展是与西欧社会主义的理想一致的。"[2] 这与哈克斯特豪森在《考察》一书中表达的对俄国民族生活的看法完全吻合。

赫尔岑的思想经过车尔尼雪夫斯基等人的发展，形成了完整的民粹派"村社社会主义"理论。按照这种理论，村社是"社会主义胚胎"，借助于它，俄国可以跨越资本主义工业化发展阶段，从一个落后的农业国直接过渡到社会主义。这种观点不仅对俄国，甚至对整个国际共产主义运动都产生了不可低估的消极影响，以至于革命导师马克思、恩格斯、列宁不得不多次对"俄国社会主义者"的"跨越论"提出严格的条件限制，甚至公开的批评。[3] 恩格斯在与特卡乔夫的论战中系统地阐述了这一问题，他并不排除存在不经过资本主义发展的中间阶段，俄国农民直接向公社的高级形式过渡的可能，但他坚持认为："对俄国的公社的这样一种可能的改造的首要因素只能来自西方的工业无产阶级，而不是来自公社本身。西欧无产阶级对资产阶级的胜利以及与之俱来

---

1 Haxthausen, *Studies on the Interior of Russia*, p. xxxiii.
2 赫尔岑：《往事与随想》（中），项星耀译，北京：人民文学出版社，1993年，第167页。
3 恩格斯：《论俄国的社会问题》，《跋》，第451—467页；马克思和恩格斯：《共产党宣言》，1882年俄文版序言，收入《马克思恩格斯选集》第一卷，北京：人民出版社，1995年，第251页；列宁：《什么是"人民之友"以及他们如何攻击社会民主党人？》，收入《列宁全集》第一卷，北京：人民出版社，1984年，第240—242页。

的以社会管理的生产代替资本主义生产,这就是俄国公社上升到同样的阶段所必需的先决条件。"[1]

综上所述,19世纪是自由资本主义在全世界高歌猛进的时代,如何避免资本主义发展带来的种种弊端和罪恶,成为19世纪思想家,特别是后起资本主义国家思想家普遍关注的问题。哈克斯特豪森,一位德国的浪漫主义思想家,"发现"并在一定程度上塑造了俄国的农村公社,作为抵抗市场经济侵蚀、重建秩序井然的有机体社会的基础。他不仅向西欧宣传了俄国的农村公社,还深度介入俄国的农奴制改革,并通过俄国的浪漫主义者——斯拉夫派,对俄国的社会主义运动产生了重要影响。毫无疑问,哈克斯特豪森对资本主义的批判是切中时弊的,但是他把过去理想化,力图建立农民的平等人公社,并在此基础之上建立宗法社会和家长制国家,又是逆历史潮流而动的。正因为如此,他对俄国农奴制改革和未来的社会主义运动的实际影响是消极的。如何将对资本主义或更为广义的现代性社会的道德批判同科学的未来设计结合起来,是困扰一代又一代知识分子的难题。在这方面,革命导师马克思、恩格斯为我们提供了榜样。

(原载《世界历史评论》2015年第4期)

---

[1] 恩格斯:《论俄国的社会问题》,《跋》,第456—457页。

"茶杯里的风暴"？
——再论16世纪英国的土地问题

在有关16世纪英国土地问题，即"圈地运动"的研究中，存在着一种很不协调的现象。一批注重实证的学者指出，16世纪英国圈地运动的规模和影响远不如当时的道德学家以及后来某些历史学家所认为的那样大。20世纪初，E. 盖伊教授根据1517—1607年间政府几次调查委员会的文献资料统计，指出1455—1607年在英格兰中部、东部24个郡共圈地516676英亩，只占24郡土地总面积的2.76%。[1] 尽管调查委员会的统计资料可能不完整，但多数历史学家仍然接受盖伊教授的基本结论。D. C. 科尔曼教授说："有关证据表明，为养羊圈占的土地规模不大，并且仅限于局部地区。"他进一步指出：近代早期"英国乡村的变化是不能用圈地来衡量的"。[2] 但一些"唯物主义"历史学家，如R. H. 托尼、E. 利

---

[1] 程西筠：《关于英国圈地运动的若干资料》，《世界史研究动态》1981年第10期。
[2] D. C. Coleman, *The Economy of England, 1450—1750*, London: Oxford University Press, 1977, pp. 35, 37.

普森以及苏联时期的E. A. 科斯明斯基、B. Q. 谢苗诺夫等人并不认同盖伊等人的研究成果，他们的探讨是循着商品经济发展—贫富分化—资本主义大农场兴起这样一种理论模式进行的。由于圈地运动是说明这一理论模式的有力例证，他们自然而然地反对任何可能缩小这一事件历史意义的倾向。托尼对盖伊的结论提出质疑：如果16世纪圈地运动的规模很小的话，"那就不容易解释政府对这一问题的不断关注，或者这一时期的农民暴动，或者诸如约翰·黑尔斯这样一些具有第一手知识、豁达公正的人的强烈反应"[1]。尽管如此，这些历史学家并没有提出足够的证据改变盖伊等人的结论。

那么，在实证研究和理论探索之间为什么会出现如此巨大的鸿沟？难道真如盖伊等人所认为的"整个运动的重要性被那个时期的作家严重夸大了，他们在茶杯里制造了一起关于变革的风暴，而这些变化实际上只影响了整个国家的很少一部分"[2]？笔者认为，这道鸿沟部分起因于争论的双方都忽视了与人们的经济行为密切相关的心理因素。实证主义研究的贡献在于将圈地运动的规模精确到可用数字表示的程度，但是，圈地运动对人们的心理冲击却是难以用这些数字测定的。"唯物主义"历史学家的贡献在于揭示了圈地运动中商品经济发展—贫富分化—资本主义大农场兴起的逻辑，但客观历史事实往往比抽象、化简后得出的理论模

---

[1] R. H. Tawney, *The Agrarian Problem in the Sixteenth Century*, London: Longmans, Green and Co., 1912, p. 11.

[2] Ibid.

式要复杂得多，传统社会心理可能会制约经济发展的逻辑。因此，"圈地运动"同16世纪英国社会心理的关系将是本文论述的主题。

一

"圈地"有广义和狭义之分。广义的"圈地"是指废除"敞地制"下土地的公共用益权，如放牧权、拾取柴火权等，变土地为绝对的私人所有。它既包括领主驱赶佃户，大规模并吞农民土地的圈地，又包括佃户互换条田，聚分散为整块的圈地；既包括变耕地为牧场的圈地，又包括改粗放的三田制经营为多重轮作制的圈地。狭义的"圈地"是指驱逐佃户，变耕地为牧场的圈地。这是圈地中最引人们愤慨的一种。这类圈地常常是通过设置篱笆、栅栏完成的。历史学家通常所说的"圈地运动"是指后一种。

托尼在其经典性著作——《16世纪的土地问题》一书中，将"圈地运动"的时间定在1540—1640年，即所谓"长的16世纪"。引起这一时期圈地的主要原因是羊毛价格的上涨。除了少数未经考证的历史事实之外，[1] 他的主要依据是此一时期公众反圈地情绪

---

[1] M. W. 贝雷斯福德和E. 克里奇等人的研究表明，托尼提供的关于16世纪领主大规模圈地、驱赶农民的证据是靠不住的。比如莱斯特郡沃特巴勒庄园的圈地发生在1520年以前，而不是托尼所说的1620年左右；罗伯特·德拉维尔毁坏北安普顿郡哈特利庄园、赫伯特家族驱赶威尔士郡瓦申村村民的记载则纯属夸大其词。D. M. Palliser, "Tawney's Century: Brave New World or Malthusian Trap?", *Economic History Review*, Vol. 35, No. 3(1982), p. 340; Tawney, *The Agrarian Problem in the Sixteenth Century*, pp. 194, 257-261.

突然高涨。他说:"反对圈地的大声疾呼大约出现在16世纪中叶,即从1548年到1550年。"[1] 但近年来历史学家对16世纪粮食、羊毛价格以及毛纺织品出口数量的对比分析表明,1520年以后已发生了不利于养羊业发展的变化(见表2)。尽管局部地区的圈地仍在继续进行,但从总体上说变耕地为牧场的圈地风暴已基本停息。在风暴的中心莱斯特郡,大规模圈地发生在1485年之前以及1485—1530年间。据统计,在该郡所有圈围的土地中,1485—1530年占43%;尔后50年,即1531—1580年仅圈地9%。[2] 那么,为什么公众对圈地的激愤情绪突然爆发在圈地运动基本趋于尾声的时候?我们只有通过社会心理这一中间环节才能理解圈地的事实同人们反应之间的差别。

表2　1520—1649年物价和毛纺品出口指数[3]

(以1520—1529年指数为100)

年　代	谷物平均价格	畜产品平均价格	羊毛平均价格	毛纺品平均出口量
1520—1529	100	100	100	100
1530—1539	105	121	110	125
1540—1549	121	151	138	164
1550—1559	226	203	186	167
1560—1569	205	225	185	124

1　Tawney, *The Agrarian Problem in the Sixteenth Century*, p. 11.

2　W. G. Hoskins, *The Age of Plunder: King Henry's England, 1500-1547*, London: Longman, 1976, pp. 69-70.

3　Coleman, *The Economy of England, 1450-1750*, p. 37.

续　表

年　代	谷物 平均价格	畜产品 平均价格	羊毛 平均价格	毛纺品 平均出口量
1570—1579	240	245	211	136
1580—1589	295	281	203	148
1590—1599	383	354	284	148
1600—1609	363	369	314	166
1610—1619	425	427	318	151
1620—1629	417	406	319	136
1630—1639	513	433	367	131
1640—1649	510	436	357	—

让我们首先从真实的圈地运动开始。托尼正确地注意到商品经济对圈地运动的诱发作用，但是他忽视了引起圈地的另一个重要因素，即人口波动造成的影响。14世纪中叶欧洲发生了一场被时人称为"黑死病"的特大瘟疫，造成将近三分之一的人口死亡。尔后，这种疾病又在部分国家和地区重复，直到17世纪后期才最终从欧洲消失。"黑死病"对于当时欧洲经济的影响是很大的。由于人口下降，对农产品的需求减少，使得农产品价格下跌（见图1），土地价格和地租也因此下滑。人口减少也导致劳动力匮乏，农产品生产成本上升。这些因素致使15世纪欧洲农业长期萧条。

受农业萧条影响最大的是封建领主。"黑死病"之后，封建领主立刻面临着直领地劳动人手不足的问题。他们试图通过限制农民流动，强化农奴制的方式渡过难关，但遭到了农民的反抗。1381年英国的瓦特·泰勒起义就是其中著名的一例。随着封建领

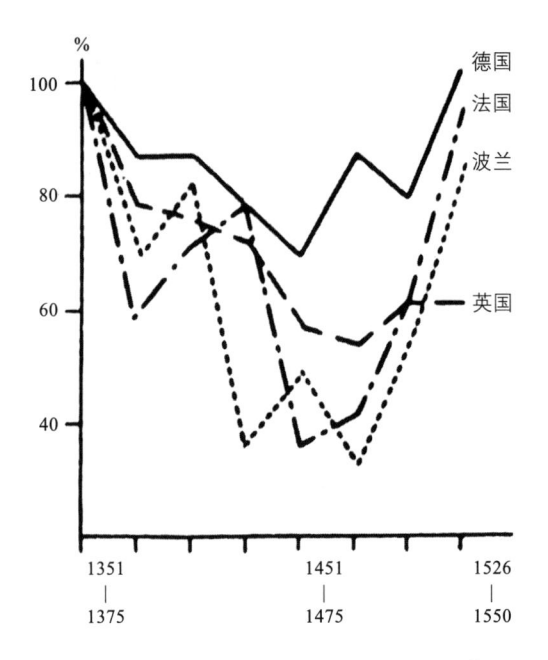

图1 1351—1550年欧洲的谷物价格[1]

主恢复农奴制的企图破产，加上农业之外就业机会的增长，农民离土成为势不可挡的潮流。大量土地抛荒，一时间欧洲出现许多"消失的村庄"。在德国，"消失的村庄"的比例达到26%，也就是说每四个原有的乡村居民点中就有一个完全荒废，无人居住。[2]"消失的村庄"也出现在英国，尤其是后来成为圈地中心的密德兰地区。到15世纪初年，沃里克郡查佩尔·阿斯科特村的原有居民已

---

1 Wilhelm Abel, *Agricultural Fluctuations in Europe: From the Thirteenth to the Twentieth Centuries*, London: Methuen, 1980, p. 50.

2 Ibid., p. 81.

经完全消失，在沃里克的金斯顿村，1394年仍有11个家庭姓氏记录在册，但到1430年只剩下一个。[1]

1375年以后，"黑死病"更持久的影响显露出来，这就是农产品价格的持续下跌。受打击最大的是谷物生产区，直领地经营已无利可图。14世纪末，英国武斯特主教将其在西密德兰17个庄园的直领地全部出租，15世纪上半叶又将直领地上的全部牧畜出租。虽然通过土地出租武斯特主教保住了部分收益，但并未保全收益。改收租金后他们的年收入由14世纪初年的1200英镑下降到850—1000英镑。尽管如此，主教的收入还受到佃户拖欠租金的影响，1460年佃户拖欠的地租已达1449英镑。[2]

但是，15世纪西欧的经济并非漆黑一团。在农业萧条的同时，西欧的畜牧业和工商业却出现相对繁荣的景象。由于谷物价格相对于工资下降，使得工资收入者，如手工业者、雇佣劳动者购买生活必需品以外的商品的能力增强。据J. E. T. 罗杰斯对这一时期物价和工资材料的统计分析，1301—1350年一个石工的日工资可购买11.3公斤小麦，1451—1475年上升到20.4公斤。[3]农民中也有相当部分是这一时期经济局势的受益者。地租下降使他们的剩余率增长，地价下跌使他们易于获得土地，扩大经营。英国农民中出现了一个被称为"约曼"的农民阶层。工资收入者和富裕农

---

[1] Christopher Dyer, "Deserted Medieval Villages in the West Midlands", *Economic History Review*, Vol. 35, No. 1(1982), p. 31.

[2] J. L. Bolton, *The Medieval English Economy, 1150−1500*, London: Dent, 1980, p. 233.

[3] Abel, *Agricultural Fluctuations in Europe: From the Thirteenth to the Twentieth Centuries*, p. 54.

民有更多的钱用于购买肉食、奶制品以及手工业品,从而刺激了非农产品生产的发展。

15世纪由农业向畜牧业和手工业的经济偏移是一个全欧范围的现象,但只有英国实现了结构性的突破。英国有从事畜牧业生产的传统,其中以饲养提供毛纺原料的绵羊比重最大。据M. M. 波斯坦教授的调查,1225年格拉斯顿伯雷庄园的200个佃户共养羊3760只。[1] 不过中世纪英国的羊毛主要是供出口。"黑死病"以后,英国的毛纺工业迅速发展起来,1347—1348年度英国出口毛料12000匹,1443—1448年上升到每年出口55000匹,1547—1553年进一步上升到每年出口130000匹。[2] 毛纺工业开始作为英国的民族工业出现。随着毛纺工业的发展,对羊毛的需求进一步增长。15世纪至16世纪初羊毛价格以高出农产品价格的速度上涨(见表3)。

表3　1450—1529年物价和羊毛、毛纺品出口指数[3]

(以1450—1459年指数为100)

年　代	谷物平均价格	羊毛平均价格	羊毛和毛织品平均出口量
1450—1459	100	100	100
1460—1469	101	132	98
1470—1479	95	121	—

1　M. M. Postan, "Village Livestock in the Thirteenth Century", *Economic History Review*, Vol. 15, No. 2(1962), p. 230.

2　Edmund King, *England, 1175–1425*, London: Routledge and Kegan Paul, 1979, p. 90; Coleman, *The Economy of England, 1450–1750*, p. 49.

3　Coleman, *The Economy of England, 1450–1750*, p. 35.

续表

年　代	谷物平均价格	羊毛平均价格	羊毛和毛织品平均出口量
1480—1489	116	138	130
1490—1499	99	117	128
1500—1509	114	113	158
1510—1519	117	145	168
1520—1529	157	135	155

羊毛价格的持续上涨为英国领主提供了摆脱危机的绝妙途径。通过变耕地为牧场，他们既可以使荒芜或部分荒芜的土地得到利用，又可以因劳动力投入少而少受工资价格上涨的影响。15世纪上半叶，沃里克郡拉德邦庄园的领主将土地集中、圈围起来，建立了一个数千英亩的直领地牧场。在这个大牧场上，他饲养了2742只羊、183头牛，只用了5—6个劳动人手。圈地后该庄园的价值骤增。1386年该庄园仅值19英镑，1449年上升到64英镑。[1] 有的领主将土地圈围之后出租给租地牧场主，同样获利。1444年一块未圈的名叫韦斯科特的牧场年租金仅为4英镑，15世纪末圈围之后上升到13英镑6先令8便士。[2] 尽管如此，我们仍不能按照现代人的心态去想象领主的经济行为，以为他们会像现代经济人那样对于市场行情做出迅速反应。英国著名的中世纪专家C.戴尔教授指出，那些从事圈地的"领主和他们的顾问做决定时似乎犹豫不

---

[1] Dyer, "Deserted Medieval Villages in the West Midlands", p. 30.
[2] Ibid., pp. 30–31.

决,往往花费数十年工夫才完成圈围已经荒废了的土地的工作"[1]。而且最终参与圈地的领主也只是少数。因此,真正值得深思的问题不是羊毛价格上涨怎样诱使领主圈地,而是面对如此显然的经济利益,领主们为何裹足不前?

二

如果说变耕地为牧场的圈地运动主要发生在15世纪,而且圈占的又大多是已经荒芜的土地,那么为什么会在16世纪,尤其是16世纪中叶以后出现晚到的如此强烈的反对圈地的呼声?要回答这一问题,我们必须进一步探讨16世纪经济局势和社会心态的变化。

16世纪的经济局势发生了与15世纪相反的变化。据统计,整个16世纪英国的人口增长了75%,甚至一倍。[2] 人口增长导致地狭人稠,地租和谷物价格上升,工资劳动者收入下降,越来越多的家庭入不敷出。16世纪各种流行疾病再度肆虐,1586—1587年、1597—1598年、1622—1623年,英国接连出现饥荒,标志人口危机到来。谷物价格上升、工资水准下降影响到手工业的发展,因为普通人购买生活必需品以外的商品能力的下降导致市场疲软。加上16世纪中叶以后大陆欧洲宗教战争不断,英国的民族工

---

1 Dyer, "Deserted Medieval Villages in the West Midlands", p. 28.
2 C. G. A. Clay, *Economic Expansion and Social Change: England 1500-1700*, Cambridge: Cambridge University Press, 1984, p. 3.

业——毛纺工业因出口锐减受到严重打击。不少毛纺工人失业,并加入到令当时的统治阶级十分担心的"流浪汉"队伍。

瘟疫、饥荒和"流浪汉"问题主要是由经济局势,而非圈地或其他人为原因造成的。[1]但当时的英国人并不这样认为。按照中世纪的观念,经济不过是包罗万象的基督教道德体系的一个分支,任何经济问题或由经济引起的社会问题都与人的道德过失有关。那位被托尼称为"具有第一手知识,豁达公正"的约翰·黑尔斯就是这样一位戴着有色道德眼镜的人。他认为16世纪出现的饥荒和其他种种社会经济问题都纯粹是由部分人的贪婪引起的,这些人"只关心自己的个人私利,却全然不顾整个国家的利益"。他认为解决16世纪经济和社会问题的根本途径在于"排除自爱","去掉过分的致富欲望","消除和杜绝邪恶的、永无止境的贪婪之心"。[2]因此,黑尔斯等人对圈地的"强烈反应"可能反映了道德学者对当时严重的社会经济问题的并非客观的反思。

16世纪中叶以后反圈地情绪的高涨还与这一时期传统道德的强化有关。传统道德的强化主要是由基督教人文主义改革和宗教改革引起的。英国的基督教人文主义者和新教徒反对中世纪教会的迷信和仪式化倾向,主张将基督教伦理,尤其是"摩

---

1 16世纪存在暴力圈地的现象。1596年托马斯·特里沙姆爵士将他在喻兹尔比奇的1000英亩直领地圈围起来,改作牧场。原先租用这些土地的农民被赶走,60多人失去了生计。Felicity Heal and Clive Holmes, *The Gentry in England and Wales, 1500—1700*, Vol. 1: *People, Land, and Town*, Basingstoke: Macmillan, 1994, pp. 108—109.

2 Mary Dewar, "The Authorship of the 'Discourse of the Commonweal'", *Economic History Review*, Vol. 19, No. 2(1966), p. 395.

西十诫"放到宗教信仰的中心位置。[1] 他们提出要建立一个名叫"Commonwealth"的理想社会。"Commonwealth"的基本含义是指由全体国民构成的基督教道德共同体。在这个共同体中,君主是头,地方官员是眼,工匠是手,农夫是脚。他们相互扶持,形成一个整体。按照这种思想,共同体的整体利益高于个人和某一社会集团的利益。劳德大主教宣称:"国家和教会都是群体性有机体,由众多器官构成一个整体。"他又说:"如果一个人只关心个人私利,而忽视公众和国家的利益,那他就是缺乏虔诚,他也不能得到他所追求的一己之幸福与安宁。因为无论是谁,他都得生活在共同体的群体之中,生活在教会的群体之中。"[2] 著名的清教神学家 W. 珀金斯在论及基督徒的"天职",即上帝赋予每一个人的世俗责任时说:"一个人履行天职的目的,不是为自己、为家庭和为穷人聚集财富;而是为他人服务,增进所有人的利益,这就是为上帝尽职。"[3]

"父权主义"是共同体思想的重要内容。按照这种观念,富人和统治者应当关心、爱护穷人和被统治者,而不是欺压他们。清教牧师亨利·史密斯宣称:"一个真正配得上富人称呼的人,他

---

[1] Diarmaid MacCulloch, *The Later Reformation in England, 1547-1603*, Basingstoke: Macmillan, 1990, pp. 65-100.

[2] R. H. Tawney, *Religion and the Rise of Capitalism*, London: Penguin Books, 1990, pp. 175-176.

[3] Laura Stevenson O'Connell, "Anti-Entrepreneurial Attitudes in Elizabethan Sermons and Popular Literature", *Journal of British Studies*, Vol. 15, No. 2(1976), p. 6.

的名声不是由来于他的财产,他奢侈的膳食,昂贵的建筑,豪华的邸宅,以及他的金银珠宝,而是因为关心贫困无助的人。"[1] 作为共同体中头和眼的君主和地方官员更应如此。劳德大主教说:"如果国王和地方官吏不行正义,如果孤儿寡母对'青天大老爷'怨声载道,那么上帝就不会赐福这个国家。"[2] 正是在这种思想指导下,都铎、斯图亚特王朝颁布了一系列旨在保护社会上的弱者和贫者的社会政策,比如《济贫法》《反圈地法》以及饥荒年间的限价政策等。

圈地是为了个人私利,是公然损害社会整体利益的行为,因而,它理所当然地受到了共同体思想家的严厉谴责。对于都铎、斯图亚特王朝的统治者来说,谴责并以立法手段限制圈地,可以表明他们在危机时期体恤民情的态度,起到稳定社会秩序的效果。最早对圈地大加挞伐的是著名的基督教人文主义者托马斯·莫尔,他在1517年出版的《乌托邦》一书中发出了"羊吃人"的呼声。他写道,那些"一向那么驯服,那么容易喂饱"的羊,"现在变得很贪婪、很凶蛮,以至于吃人"。[3] 16世纪中叶,反圈地斗争由于著名的新教神学家、牧师,如休奇·拉蒂默、罗伯特·克劳利、托马斯·贝肯、托马斯·利弗、约翰·庞勒特等人的参加而形成浩大声势。贝肯称那些贪心的领主是"撒旦之子",他们霸占他人的房屋,侵夺佃户的土地,使"整个市镇变得荒

---

1 O'Connell, "Anti-Entrepreneurial Attitudes in Elizabethan Sermons and Popular Literature", p. 6.
2 Tawney, *Religion and the Rise of Capitalism*, p. 175.
3 托马斯·莫尔:《乌托邦》,戴镏龄译,北京:商务印书馆,1996年,第21页。

芜，形同旷野。除了羊倌和他的狗之外，再也没有人居住"。[1] 稍晚出现的清教徒也加入了对圈地的谴责中。清教牧师托马斯·亚当斯称圈地的领主是"残暴的盗贼"，"他们窃取了穷人的生计与生命"。[2]

共同体思想在当时影响巨大，这不仅是因为它提出了社会整体利益的理由，并得到了新兴民族国家君主的支持，而且还在于受益于当时先进的宣传工具。印刷术传入英国是1476年，但由于政府管制，初时出版书籍并不多。1547年开明的萨默塞特公爵当权，容许各种书籍自由出版。新教思想家利用这一时机，出版了大量小册子、布道集和通俗文学作品等。他们反对圈地的思想和言论大多是在这一时期见诸文字的。因此，托尼以反圈地的大声疾呼出现在16世纪中叶作为大规模圈地的开始是靠不住的。因为它可能反映的是这一时期社会心理和舆论导向的变化，而不是当时圈地运动的实际。

三

以上我们论述了16世纪公众反圈地情绪高涨的社会心理背景。下面我们将进一步探讨传统道德怎样和在多大程度上影响到领主的经济行为。

15、16世纪的人口波动与经济变革常常使英国领主处在履行

---

[1] W. K. Jordon, *Philanthropy in England, 1480–1660*, London: Allen and Unwin, 1959, p. 64.
[2] Ibid., p. 192.

传统道德义务与追求个人经济利益之间的两难困境。戴尔教授列举大量事实，说明15世纪的多数领主宁愿采取包括减租、资助房屋维修在内的种种方式挽留佃户，也不愿驱赶他们，从事有利可图的圈地。[1]由于有关15世纪的资料有限，我们很难对他们的心理动机做出判断。但是，16、17世纪的资料提供了一些线索。

有关资料表明，16、17世纪的许多领主深受基督教伦理和"父权主义"的影响。他们相信保护佃户的利益是自己的责任。简·曼塞尔临终前要她的儿子向上帝保证，善待佃户，"无论如何不要亏待和欺压他们"[2]。1614年查尔斯·康沃利斯爵士告诫自己的孙子：剥削是"违背绅士本性的"[3]。在武斯特郡，考廷家族"对待他们的佃户更像父亲而不像领主"[4]。

不少领主相信善待佃户的人将得到善报，欺压佃户的人则将受到天罚。爱德华·蒙塔古爵士提醒儿子："要知道你只不过是一个受托人，你必须交代你是如何使用佃户的。"[5]他劝诫道："收取罚金要适度，尽量不要提高租金，这样佃户就会为你祝福并祈求上帝赐福于你。"[6]凯索普庄园的领主爱德华·赫西拒绝了一项得到富裕农民支持的圈地计划。按照这项计划，他和这些富裕农民都将

---

[1] Dyer, "Deserted Medieval Villages in the West Midlands", pp. 27-29.

[2] Heal and Holmes, *The Gentry in England and Wales, 1500-1700*, p. 102.

[3] Ibid.

[4] Ibid., p. 115.

[5] 当时的基督徒认为世人只不过是受托管理上帝的财产，末日审判时他必须就如何使用上帝的财产做出交代。

[6] Heal and Holmes, *The Gentry in England and Wales, 1500-1700*, p. 102.

获益。他认为这项计划将使茅屋农和小农受到致命的打击，而这样做会受到上帝的惩罚。[1]

但是，恪守传统道德的领主不能适应当时的经济变革，他们往往遭受巨大的经济损失。怀特岛的约翰·奥格兰德爵士不仅不驱赶佃户以便圈围他们的土地，反而为了军事目的不断增加他们的人数。他自豪地说："没有人比我更反对驱赶佃户了。"但是，他承认他的农业经营是失败的。[2]约翰·哈彻爵士对于别人议论他不讲良心地利用自己的地产大为恼火。他声称要是这样做了，他的年租金马上会从13英镑上升到100英镑。[3]

现实的经济利益和压力使得一些领主挣扎在传统道德和理性的经济行为之间，并常常表现出自相矛盾的现象。林肯郡的乔治·赫尼奇爵士在留给儿子的账簿中，告诫他要履行领主应尽的责任，管理地产是"为了上帝的荣耀"。但账簿的具体内容却是高度理性化的，它记载了乔治本人包括圈地、合并农场在内的种种经营活动。[4]1627年，罗伯特·卡尔爵士的管家威廉·伯顿向主人建议降低戈斯伯顿庄园的租金，以便佃户"因为您对他们的仁慈而敬重您"。他还提到主人斯利福特宅邸附近地产的租金可以提高，但他提醒道："您的佃户住在您府宅附近，随时听候您的使唤差遣，因此您最好像您的祖辈一样，将事情妥善处理。"然而，

1　Heal and Holmes, *The Gentry in England and Wales, 1500—1700*, p. 112.

2　Ibid.

3　Ibid., pp. 103—104.

4　Ibid., p. 113.

正是这位满脑袋传统观念的管家，协助罗伯特的父亲于1611年圈围了7000英亩耕地，并用高压手段制服了那些反对圈地的佃户。[1]

如何在基督徒的良心和经济利益之间找到一种平衡？这是当时许多领主和思想家苦苦思索的问题。有人提出"有控制的圈地"，即通过仲裁方式抑制圈地过程中过分的恶行。约翰·诺登于1607年写道，既要"纠正驱逐佃户的错误"，又要"给圈地和变耕地为牧场的行动以自由"，这样"穷人将得到他们所需要的栖身之所，乡绅则将实现他们改良的愿望"。[2]

沃尔特·布利什等人倡导新式的圈地。圈地的目的不是养羊，而是发展精耕农业。这样既可以大幅度增加领主的利润，又可以为失去土地的农民提供就业机会，因为精耕农业比"敞田制"下的粗放农业需要更多劳动人手。[3]16世纪末17世纪初，随着精耕农业技术的普及，加上粮食价格持续上涨，以发展精耕农业为目的的圈地盛行起来。

还有人主张改变圈地方式。他们倡导协议圈地，并呼吁给圈地中的受害者以一定补偿。1589年约克郡布雷福德漠泽的所有佃户聚集于漠泽，商议圈地事宜，最后达成同意圈地的一致意见。[4]

1　Heal and Holmes, *The Gentry in England and Wales, 1500−1700*, p. 113.

2　Maurice Beresford, "Habitation versus Improvement: The Debate on Enclosure by Agreement", in F. J. Fisher, *Essays in the Economic and Social History of Tudor and Stuart England*, Cambridge: Cambridge University Press, 1961, p. 113.

3　Heal and Holmes, *The Gentry in England and Wales, 1500−1700*, p. 110.

4　Joan Thirsk, "Tudor Enclosures", in Joan Thirsk, *The Rural Economy of England*, London: Hambledon Press, 1984, p. 68.

在16世纪的圈地中，获利最多的领主常常做出种种让步，以便得到佃户的认同。1582年莱斯特郡锡丁沃思的威廉·布罗卡斯提供"种种恩惠和合算的租约"，以便圈地得到佃户的合作。[1] 但是到了17世纪，随着精耕农业的发展，圈地的好处为越来越多的人所认识，协议圈地有了更广泛的社会基础。1619年约翰·肖特博尔特在给国王詹姆士一世的信中写道，公众对圈地的态度已经发生变化，现在"凡夫俗子和普通人……都心甘情愿地拥护在王国所有地区实行迅速的、全面的圈地"[2]。约克郡布兰德斯伯顿的土地所有者和普通居民在1630年1月签订的圈地协议中宣称："同过去共享它相比，圈地将使土地的价值上升并给每个人大得多的好处。"[3]

以上分析表明，经济变革与传统道德之间的关系比托尼等"唯物主义"历史学家理解的要复杂得多。首先，传统道德并不一定随着经济变化自然消亡，如同托尼在其另一部名著《宗教与资本主义的兴起》中所论述的那样。事实上，在资本主义冲击传统道德的同时，传统道德也在以不可抗拒的力量改造资本主义。其次，不能简单地用保守与进步的二分法来区分属于社会心态的东西。因为作为道德、习俗、文化传承下来的社会心态中包含不少不受时代限制的、具有普遍价值的成分。不分青红皂白地反传统将毁灭一切价值规范，导致人性泯灭，道德沦丧，国家和社会失去稳定的支撑点。在英国的圈地运动中，基督教伦理的反向作

1　Thirsk, "Tudor Enclosures", p. 68.
2　Beresford, "Habitation versus Improvement: The Debate on Enclosure by Agreement", p. 54.
3　Ibid., p. 57.

用并不完全是消极的。因为它使人们在剧烈的物质利益的冲击之下保存了对公正和善良的追求，它在一定程度上抑制了圈地运动可能造成的更大的社会罪恶，有助于使英国的土地制度变革朝着平稳和人道的方向发展。

（原载《江汉论坛》1999年第6期）

英国"过渡时期"的贫困问题

费边主义政治经济史学家R. H. 托尼认为,贫困是资本主义的共生现象;资本主义的兴起导致了对农民土地的剥夺;[1]而且,新兴资产阶级的个人主义道德观改变了传统社会对穷人的态度,使他们遭受前所未有的冷遇和迫害。[2]"新马尔萨斯主义"史学家从一个不同的角度肯定了托尼的估计。他们认为,随着1500—1650年间英国人口的增长,雇佣工人的实际工资收入大幅度下降,生活水平严重恶化。[3]人们一直把16世纪初至17世纪中后期的这一段时间看成封建主义向资本主义的过渡时期,因此,自托尼以后,英国普通民众在"过渡时期"遭受了普遍贫困的看法俨然成

---

1 Tawney, *The Agrarian Problem in the Sixteenth Century*, pp. 267−280.

2 Tawney, *Religion and the Rise of Capitalism*, pp. 251−270.

3 E. H. Phelps Brown and Sheila V. Hopkins, "Seven Centuries of the Prices of Consumables, Compared with Builders' Wage-Rates", *Economica*, Vol. 23, No. 92(1956), pp. 296−314.

为定论。但是，20世纪70—80年代以来英国史学界"修正主义"盛行，托尼和"新马尔萨斯主义"史学家的学术正统受到挑战。D. M. 帕利泽认为，16、17世纪英国人口增长并没有导致"马尔萨斯危机"；相反，他认为随着这一时期物质富裕程度的普遍提高，穷人的生活状况也有所改善。[1]保罗·斯莱克从比较的角度指出："值得强调的是，近代早期英国遭受的贫困要比许许多多其他社会轻。即使在饥荒时期，它的程度也远没有14世纪以及今天某些非洲和亚洲国家那样严重。比较人口情势表明，17世纪后期法国农民比我们这一时期（都铎、斯图亚特王朝统治时期——笔者注）任何时候英国雇佣工人和茅屋农更接近于勉强糊口的生活水平。"[2]那么，以往史学家是否过高估计了英国"过渡时期"贫困问题的程度？如果果真如此，历史事实同他们的推导之间为什么存在如此之大的差距？本文将缕析英国学界对贫困问题的研究，并结合具体材料和有关贫困的宏观知识背景，展示英国"过渡时期"贫困的实况和人们对这一问题的不断变化的看法。也许只有如此，方能理解人们为什么对"过渡时期"的贫困问题倾注了如此多的注意力。

一

何谓"贫困"？这是学术界长期争论的问题。经济学意义上

---

[1] Palliser, "Tawney's Century: Brave New World or Malthusian Trap?", pp. 339-353.

[2] Paul Slack, *Poverty and Policy in Tudor and Stuart England*, London and New York: Longman, 1988, p. 53.

的"贫困"有狭义和广义之分。在19世纪的讨论中,贫困是绝对的,以生存为标准的,其中最有影响的是英国改良主义者西博姆·朗特里在1901年出版的关于约克城贫困问题调查中提出的"基本贫困"(primary poverty)概念。所谓生活在基本贫困状态的家庭,是指那些"总收入不足以获取维持纯粹体能所需的最低数量的生活必需品的家庭"[1]。在这里,"最低数量的生活必需品"主要是指食物。60年代中叶,为美国社会保障局工作的莫利·奥申斯基将"恩格尔系数",即食物消费支出在家庭和个人消费支出中所占的百分比用于贫困问题研究,调整了衡量贫困家庭和个人的收入标准。[2] 彼得·汤森提出了更为弹性的"贫困"概念,即影响深远的相对贫困论。[3] 相对贫困论改变了"二战"后流行的"资本主义消灭了贫困"的观点,使人们认识到"丰裕社会"的贫困。[4] 但是,相对贫困往往掺杂着人们对贫困现象的主观判断,带有很大的不确定性。因此阿马蒂亚·森认为,"相对贫困分析方法只能是对绝对贫困分析方法的补充而不是替代"[5]。

英国"过渡时期"的贫困问题研究是在托尼、克里斯托弗·希尔的影响下进行的,他们采用的是社会学家的不平等方

---

[1] B. Seebohm Rowntree, *Poverty: A Study of Town Life*, Bristol: The Policy Press, 2000, p. 86.

[2] Sharon M. Oster, Elizabeth E. Lake, and Conchita Cene Oksman, *The Definition and Measurement of Poverty*, Vol. 1: *A Review*, Colorado: Westview Press, 1978, pp. 6-8.

[3] Peter Townsend, *Poverty in the United Kingdom*, Berkeley and Los Angeles: University of California Press, 1979.

[4] See Bronislaw Geremek, *Poverty: A History*, Oxford: Blackwell Publishers, 1994, pp. 1-13.

[5] 阿马蒂亚·森:《贫困与饥荒——论权利与剥夺》,王宇、王文玉译,北京:商务印书馆,2001年,第26—27页。

法，主要关心的是资本主义带来的财富占有不均现象。托尼、希尔的研究是理论分析性的，所用资料多为16、17世纪的社会批评家，如休奇·拉蒂默、罗伯特·克劳利和约翰·黑尔斯等人的言论和著述。实证性研究是由社会经济史学家W. G. 霍斯金斯开启的，他试图根据政府1524年征收补助金（the subsidy）时所做的财产估价，以及1522年的前期财产状况调查推算出生活在贫困状况中的人口比例。在理论上，那些年工资收入少于1英镑，或拥有的动产价值少于1英镑的人属于免税对象，他们在估价时被登记为"nil"，即"零"或"一无所有"。霍斯金斯将这些"一无所有"者看作生活在贫困线以下的穷人。按照他的统计，这一时期英国城市人口中三分之一因"一无所有"而被免税，其中某些城市的免税比例更高，比如，在1522年考文垂的前期调查中一半左右的人口被登记为"nil"。除此之外，达到交税标准的人口中还有相当一部分是交纳最低额度税金的工资收入者。因此，霍斯金斯估计"在16世纪20年代，足有三分之二的城市人口生活在贫困线以下或非常接近贫困线"[1]。

在很长时期里，霍斯金斯的结论一直为史学界所普遍接受。他的方法也被用来分析保存更为完整的17世纪60—70年代的"炉灶税"（the hearth tax）记录。按照当时的规定，符合以下两个条件的人可免交"炉灶税"：一是其居住的住宅年值1英镑或1英镑

---

[1] Hoskins, *The Age of Plunder: King Henry's England, 1500—1547*, p. 40; W. G. Hoskins, *Provincial England: Essays in Social and Economic History*, London: Macmillan, 1963, pp. 83—84.

以下、拥有不动产1英镑或1英镑以下以及拥有动产10英镑以下者；二是因为低收入已免交教会税和济贫税者。据史学家统计，免交"炉灶税"的人口比例在30%—40%之间，同16世纪20年代初免交"补助金"的人口比例大致相等。[1] 除了政府的税收记录之外，格雷戈里·金的《1688年英国各类家庭收入和支出估算表》也是史学家的重要佐证。金将当时的英国家庭分为两大类：一类是收入大于支出的，他称之为"使本王国财富增加"（increasing the wealth of the kingdom）的家庭；另一类是收入不敷支出的，"使本王国财富减少"（decreasing the wealth of the kingdom）的家庭。其中前一类共511586户；后一类849000户，这类家庭包括雇佣工人、茅屋农、贫民、普通水手和士兵等。除此之外，还有3万没有家庭的无业游民。[2] 史学家通常将金的统计表中入不敷出的家庭和没有家庭的无业游民算作穷人，他们占了英国当时人口的大半。综合上述各种材料，A. B. 贝尔在1983年出版的一本关于都铎、斯图亚特王朝时期贫困问题的小册子中宣称："可靠的税收记录表明在16世纪20年代和17世纪70年代三分之一至二分之一的人口生活在或接近于贫困状态。到本时期末，格雷戈里·金估计'使本王国财富减少'的（家庭）总数高达五分之三。因此从都铎王朝开始到斯图亚特王朝结束这一时期，英国有一支贫民大军，（他们）

1　Slack, *Poverty and Policy in Tudor and Stuart England*, pp. 40–41.

2　"A Scheme of the Income and Expense of the Several Families of England Calculated for the Year 1688", in Joan Thirsk and J. P. Cooper eds., *Seventeenth-Century Economic Documents*, Oxford: Clarendon Press, 1972, pp. 780–781.

可能占全国居民的大多数。"[1]

采用不平等方法的史学家提供反映当时穷人实际贫困状况的证据不多,因为在他们看来不平等和贫困的联系几乎是不言自明的。霍斯金斯说那些被免税的人口"没有任何可见的谋生手段"[2];W. T. 麦卡弗里说"极度贫困是一半以上人口的命运"[3];约翰·伯内特说"在'辉煌'的伊丽莎白一世时代,少数人享受着前所未有的富裕和奢侈,与此同时,几乎一半人口时刻徘徊在饥饿和赤贫的边缘"[4]。即使在被列举出来的少量证据中也有不少可存疑的地方。比如,基思·赖特森和戴维·莱文在对特林村的研究中为了说明1550—1650年间平民的贫困化过程,用了两条材料。一是已故茅屋农理查德·赛泽和妻子留下的动产清单。1622年赛泽去世时留下的财物包括两头耕牛、一头壮猪、一个旧柜子、工具、钱袋和衣物等。三年后他妻子去世时留下的财物更是少得可怜。其中床上用品包括一个旧床架、两床毯子、三床被单和一个旧的羽毛长枕,厨房用品包括一张小桌子、一条长板凳、两个柜子、一个装有羊毛的小橱、两个罐子、两个水壶、一把烤肉叉、五个木

---

[1] A. L. Beier, *The Problem of the Poor in Tudor and Early Stuart England*, London: Methuen, 1983, p. 5.

[2] Hoskins, *Provincial England: Essays in Social and Economic History*, p. 84.

[3] Quoted in Thorold J. Tronrud, "Dispelling the Gloom. The Extent of Poverty in Tudor and Early Stuart Towns: Some Kentish Evidence", *Canadian Journal of History*, Vol. 20, No. 1(1985), p. 4.

[4] John Burnett, *A History of the Cost of Living*, Harmondsworth, Middlesex: Penguin Books, 1969, p. 127.

碟、六个白碟、一把火钳和一个揉面钵，衣物只有一件长外衣、两条围裙、一顶帽子和一双木底鞋。此外，还有户外奔跑的几只鸡。另一条材料来自一个在1623年冬偷吃了他人一只羊的名叫罗伯特·怀特黑德的人的供词："（我）是一个很穷的人，有一个妻子和七个小孩，（我们）饥饿难熬。"[1]但是，寡妇和家大口阔的家庭可能只是穷人中的穷人，并不具备赖特森和莱文认为的代表性意义。

二

20世纪80年代以来，西方学者开始用经济学方法分析英国过渡时期的贫困问题，社会史学家的结论受到了质疑。索罗尔德·J.特朗鲁特认为和通常一样，当时人是从不平等的角度看待贫困问题的，他们所说的"穷人"是相对意义上的，而不是霍斯金斯等人认为的是生存意义上的。[2]斯莱克认为免税者并非真的一无所有，他们只不过因为财产不多被估产人忽略罢了。[3]查尔斯·菲西安-亚当斯对考文垂的研究表明，那些在1522年征税估产时被登记为"nil"的人口中相当一部分（17.2%）养有家仆，他

---

[1] Keith Wrightson and David Levine, *Poverty and Piety in an English Village*, New York: Academic Press, 1979, p. 39.

[2] Tronrud, "Dispelling the Gloom. The Extent of Poverty in Tudor and Early Stuart Towns: Some Kentish Evidence", pp. 2–3.

[3] Slack, *Poverty and Policy in Tudor and Stuart England*, p. 41.

们并非真正贫困。根据1523年该城的人口统计，他计算出当时考文垂实际的贫困人口只有20%，而不是霍斯金斯估计的一半或三分之二。[1]

采用经济学标准的史学家认为政府的税收记录只是记载了财产的不平等，而非贫困。[2] 他们认为相对于政府的税收记录，市政府所做的贫困人口统计更为可信，因为该统计的观测点是穷人实际的生活状况。根据目前所能见到的6个城市的贫困人口统计（见表4），1557—1635年英国穷人在总人口中所占比例分别为5%—25%，远低于根据免税人口统计出来的穷人数。即使被市政府统计出来的贫困人口中，真正低于生存标准的穷人又只占少数。比如1570年诺里奇22%的人口被统计为穷人，接受救济者只占其中的四分之一。斯莱克因此认为当时英国需要社会救济才能解除衣食之忧的赤贫者只占总人口的5%，但在经济危机时期可能上升到20%。[3]

有关英国穷人食物和营养状况的直接证据有两种，一是当时人的记述，二是济贫机构留下的穷人饮食量规定。在1577年首次出版的《英国叙事》一书中，威廉·哈里森说英国富人吃小麦面包，穷人吃黑麦和大麦面包。但在荒年，许多穷人不得不吃由蚕

---

[1] Charles Phythian-Adams, *Desolation of a City: Coventry and the Urban Crisis of the Late Middle Ages*, Cambridge: Cambridge University Press, 1979, pp. 132-134, 241.

[2] John Walter, "The Social Economy of Dearth in Early Modern England", in John Walter and Roger Schofield eds., *Famine, Disease and the Social Order in Early Modern Society*, Cambridge: Cambridge University Press, 1989, pp. 84-85.

[3] Slack, *Poverty and Policy in Tudor and Stuart England*, pp. 53, 71-75.

豆、豌豆或燕麦制成的面包，而这些杂粮通常只用作马饲料。[1]后一种情况似乎并不常见。在1623年灾荒时期，诺福克郡的治安法官报告说，当地穷人制作面包时不得不在大麦面粉中加进荞麦，由于他们以往很少吃这种面包，因此他们"显得很不喜欢食用"[2]。哈里森还说，在他生活的年代，富人吃的水产品、肉食和野味丰富多样，牛奶、黄油、干酪"现在被普遍认为只是下等人的美味食品"[3]。穷人也吃肉，不过数量少得多。金估计，在1688年英国的550万人口中，270万人，即一半左右的人经常吃肉；44万个因为贫困而免交教会税和济贫税的家庭（合176万人）"每7天吃肉不超过2天"；另40万个要接受救济和施舍的最穷的家庭（合120万人）"每周吃肉不超过一次"。[4]从这些资料中似乎可以看出，尽管同富人相比穷人吃得很差，但他们还是有吃的，并没有挨饿。

表4　1557—1635年英国城市贫困人口统计

时间（年）	地　点	穷人人口数	贫困家庭数	穷人在总人口中所占比例（%）
1557	伍斯特	777	321	18
1570	诺里奇	2359	790	22

1　William Harrison, *The Description of England*, Ithaca, New York: Cornell University Press, 1968, p. 133.

2　Joan Thirsk ed., *The Agrarian History of England and Wales, 1500–1640*, Vol. IV, Cambridge: Cambridge University Press, 1967, p. 450.

3　Harrison, *The Description of England*, pp. 124–127.

4　"An Estimate of the Yearly Consumption of Flesh in the Nation", in Thirsk and Cooper eds., *Seventeenth-Century Economic Documents*, p. 784.

续　表

时间（年）	地　点	穷人人口数	贫困家庭数	穷人在总人口中所占比例（%）
1587	沃里克（圣玛丽堂区）	236	85	12
1597	伊普斯威奇（9个堂区）	410	120	13
1622	哈德斯菲尔德	700	155	20—25
1635	索尔兹伯里（2个堂区）	250	109	5

*资料来源：Paul Slack, *Poverty and Policy in Tudor and Stuart England*, London and New York: Longman, 1988, p. 73.

清教牧师理查德·巴克斯特1691年为英国贫苦佃农所写的陈情书可以证实这一印象。他说贫苦佃农比领主家佣仆吃得还差，佣仆跟着主人大鱼大肉，"可怜的佃户每周吃上一片晾干的咸猪肉就满足了，一些能杀头牛的人，偶尔吃上一小块晾干的牛肉，足以使他们大快朵颐"。他还说他们舍不得吃自家养的猪和鸡，自家产的蛋和水果，因为要用它们卖钱交租。他们还要卖掉最好的黄油和奶酪，留下脱脂干酪、脱脂奶和乳液凝块给自己和家人吃。尽管如此，他仍然承认这些并不足以损害他们的健康。[1]

各种济贫机构，如慈善收养所（hospital）、劳动救济所（workhouse）和感化院（house of correction）留下了较为详细的穷人饮食

---

[1] "The Condition of Poor Farm Tenants", 1691, in Thirsk and Cooper eds., *Seventeenth-Century Economic Documents*, pp. 182-183.

量规定。这里是一份1687年4月（伦敦）圣·巴塞洛缪慈善收养所管理机构通过的饮食表：[1]

> 星期天：10盎司小麦面包，6盎司煮熟的无骨牛肉，1品脱半牛肉汤，1品脱热酒、稀粥，3品脱（每桶）6先令的啤酒；
>
> 星期一：10盎司小麦面包，1品脱牛奶糊，6盎司牛肉，1品脱半牛肉汤，3品脱啤酒；
>
> 星期二：10盎司面包，半磅煮熟的羊肉，3品脱羊肉汤，3品脱啤酒；
>
> 星期三：10盎司面包，4盎司干酪，2盎司黄油，1品脱牛奶糊，3品脱啤酒；
>
> 星期四：饮食量同星期天，1品脱加米牛奶糊；
>
> 星期五：10盎司面包，1品脱糖泡软食，2盎司干酪，1盎司黄油，1品脱稀粥，3品脱啤酒；
>
> 星期六：饮食量同星期三。

不过慈善收养所接收的穷人主要是老弱病残者，在需要从事体力劳动而且往往是重体力劳动的教养所，穷人吃的东西更多。比如1589年萨福克郡贝里的圣·埃德蒙兹教养所中穷人每日的饮

---

[1] *How They Lived*, Vol. II: *An Anthology of Original Accounts Written Between 1485 and 1700*, compiled by Molly Harrison and O. M. Royston, Oxford: Basil Blackwell, 1963, p. 61.

食包括453克面包、1.136公斤粥、227克肉、1.136升啤酒。在"吃鱼日"不吃肉,而是吃400克海鱼和302克干酪。[1]

按照朗特里的营养学方法,卡罗尔·沙玛斯试图将济贫机构中穷人的食物数量转换成卡路里。按照她的计算,1589年贝里教养所的穷人日摄入热量2884卡路里,1687年圣·巴塞洛缪慈善收养所的穷人日摄入热量2323卡路里。因此,她认为按照今天的标准,济贫机构的食物足以维持人静态的生存,但不足以维持人从事重体力劳动。[2] 罗伯特·于特的估计比沙玛斯更乐观。按照他的换算,1500—1800年包括英国在内的西北欧济贫机构中穷人日摄入热量近3000卡路里,而20世纪一个从事中强度体力劳动的人需要2900—3200卡路里。不过,前工业时期欧洲人的身材小一些,他们所需要的热量也因此少一些。[3]

当代学者采用的恩格尔系数也被应用到16、17世纪英国贫困程度的分析之中。按照联合国粮农组织提出的标准,恩格尔系数在60%以上为贫困,50%—60%为温饱,40%—50%为小康,40%以下为富裕。事实上,霍斯金斯是最早采用这种方法的,他说在这一时期"一半至三分之二之间的人口是靠工资为生的劳动者",

---

[1] Quoted in Robert Jütte, *Poverty and Deviance in Early Modern Europe*, Cambridge: Cambridge University Press, 1994, p. 77.
[2] Carole Shammas, *The Pre-Industrial Consumer in England and America*, Oxford: Clarendon Press, 1990, pp. 134-148.
[3] Jütte, *Poverty and Deviance in Early Modern Europe*, pp. 77-78.

而且,"工人阶级在饮食方面足足花去他们收入的80%—90%"。[1] 如果霍斯金斯的估计成立的话,当时英国的大多数人口无疑生活在"极度贫困"之中。但即使是金,一位被当代史学家认为有夸大当时贫困程度之嫌的人,也未得出如此悲观的结论。他在1697年对其估算结果做进一步说明时,将英国人口分为三类,他说:"我发现最穷的一类总开销只有每年3英镑或每天2便士,在饮食上花去三分之二或略高于每天5法寻(旧时值四分之一便士的硬币或币值——笔者注);中等的一类人头总开销每年7英镑,在饮食上每年花去4英镑;富裕的一类人头总开销每年50英镑,在饮食上的开销少于三分之一。"[2] 照此计算,英国穷人的恩格尔系数为67%,远低于霍斯金斯估计。[3]

沙玛斯试图根据英国郡治安法官公布的工资规定推算出当时雇工饮食开支在他们工资收入中所占的比例。工资规定是以日计的,其中既有包伙食的,也有不包伙食的。沙玛斯的推算方法是从不包伙食的工资中减去包伙食的工资,得出伙食所需的费用;然后用伙食费用除以不包伙食的工资,得出伙食在雇工工资收入中所占的百分比。

---

1 W. G. Hoskins, "Harvest Fluctuations and English Economic History, 1480-1619", *Agricultural History Review*, XII, pt. i(1964), p. 29.

2 "Gregory King Elaborates on His Calculations in Reply to Criticisms by Robert Harley", 1697, in Thirsk and Cooper eds., *Seventeenth-Century Economic Documents*, p. 795.

3 沙玛斯根据金1695年的估算算出当时英国最穷的人的食物消费要占74.1%,不过她认为金的估算是不可靠的。参见 Shammas, *The Pre-Industrial Consumer in England and America*, pp. 124-125.

表5　1420—1720年英国雇工工资中用于饮食部分的百分比

时　期 （年）	北部地区 （％）	西部地区 （％）	东部地区 （％）	全　国 （％）	实际工资 指数
1420—1514	—	—	—	43.4	897
1560—1600	61.7	51.2	52.7	55.0	559
1601—1640	63.3	53.0	50.0	54.9	411
1641—1680	56.7	53.1	47.6	51.9	473
1681—1720	58.3	54.0	47.9	52.9	553

*资料来源：Carole Shammasm, "Food Expenditures and Economic Well-Being in Early Modern England", *Journal of Economic History*, Vol. 43, No. 1(1983), p. 93; and *The Pre-industrial Consumer in England and America*, Oxford: Clarendon Press, 1990, p. 128.

表5中所划分的五个时期，1420—1514年是一个例外。由于"黑死病"的影响，当时的英国仍然人口稀少，劳动力紧缺，使得雇工的实际工资保持在较高水平。由于收入较高，他们用于饮食支出的比重因而较低，只有43.4%。除此之外，在其余四个时期雇工用于饮食的支出在51.9%和55.0%之间。按照恩格尔系数，16、17世纪的英国雇工似乎已经达到了温饱水平。但是沙玛斯的计算有两个明显缺陷：一是她在饮食消费中只计入了雇工本人的消费，但在通常情况下，雇工的工资还要用来养活妻小；二是沙玛斯是按日计算的，但是，雇工并不是每天都劳动，因此，还要匀出一部分用于非劳动日消费。约翰·康洛斯认为雇工一年劳动可能不超过275天。如果将275天的收入用于365.25天的开支的话，他们用于食物的开支将上升到70%。[1] 沙玛斯本人已经意识到

---

[1] John Komlos, "The Food Budget of English Workers: A Comment on Shammas", *Journal of Economic History*, Vol. 48, No. 1(1988), p. 149.

计算的缺陷,不过她认为尽管工资只是用于支付雇工个人,而不是整个家庭,但雇工家庭通常还有其他收入。她根据戴维·戴维斯和弗雷德里克·艾登18世纪80、90年代提供的数字,认为在通常情况下雇工户主的工资还占不到家庭总收入的三分之二。[1]唐纳德·伍德沃德和约翰·沃尔特等人的研究表明,16、17世纪的雇工,包括那些被认为同农业经济分离得最彻底的建筑工人,都保有一小块地。他们通常还享有使用公用地的权利。"对于许多(家庭)来说……工资只是收入的一部分。"[2]基于上述考虑,沃尔特在自己的论文中引用了沙玛斯的计算结果,用以修正霍斯金斯过分悲观的估计,但他承认,"毫无疑问,关于(穷人)收入和支出的事实根据还需要更严格的查考"[3]。

从16、17世纪英国饥荒爆发的情况亦可推晓当时的贫困状况。安德鲁·B.阿普尔拜的著名研究表明,1587—1588年、1597年和1623年英国西北部的坎伯兰和威斯特摩兰曾遭受过严重饥荒。在这些年份许多堂区的死亡人数比通常高出2倍、3倍甚至4倍。有些堂区登记人员还在死亡登记簿上注明了死者的死因,从中我们可以更清楚地看到死亡同饥荒的联系。比如格雷斯托克堂区的登记人员记载1623年1月下葬了"一个孤独无助的可怜人";3月掩埋

---

[1] Carole Shammas, "Food Expenditures and Economic Well-Being in Early Modern England", *Journal of Economic History*, Vol. 43, No. 1(1983), pp. 93-95.

[2] Donald Woodward, "Wage Rates and Living Standards in Pre-Industrial England", *Past and Present*, No. 91(1981), pp. 28-46; Walter, "The Social Economy of Dearth in Early Modern England", pp. 88-89.

[3] Walter, "The Social Economy of Dearth in Early Modern England", p. 86.

了"一个饿死的可怜讨饭娃"和"一个饿死的可怜讨饭男孩";5月,"詹姆斯·欧文,一个可怜的要饭小伙……死于……极度悲惨中",同月,还死了"一个毫无生活来源的穷人"。[1] 阿普尔拜同时指出这些饥荒是地区性的,对经济发达的南部地区影响较小;而且即使在易受饥荒影响的西北边远地区,饥荒的程度也在逐渐减轻。[2] 在稍晚发表的一篇关于英法饥荒对比的文章中,他进一步指出法国从1630年至1709年遭受了严重生存危机时,英国"在这一时期没有生存危机"[3]。阿普尔拜开创性的研究得到了剑桥人口和社会结构课题组更为翔实的研究成果的印证。通过对英国人口死亡率的逐月分析,他们发现,当法国、布拉班特和苏格兰因歉收出现死亡危机(mortality crises)时,英国却没有类似的变化。他们得出了同阿普尔拜一致的结论:"因此,17世纪中叶以前似乎有两个英格兰:一个畜牧和边远的英格兰;另一个从事农耕但具有高度专业化程度的英格兰……"由于出产谷物,加上发达的交通运输网络,使得后者,即英格兰东南部较少受歉收的影响;前者则相反。不过1623年以后英格兰西北部也摆脱了歉收的影响。[4] 阿普尔拜和剑桥课题组的研究人员并不是最早得出这一结论的人,

---

[1] Andrew B. Appleby, *Famine in Tudor and Stuart England*, Stanford: Stanford University Press, 1978, pp. 95, 126.

[2] Ibid., pp. 133-168.

[3] Andrew B. Appleby, "Grain Prices and Subsistence Crises in England and France, 1590-1740", *Journal of Economic History*, Vol. 39, No. 4(1979), pp. 865-867.

[4] E. A. Wrigley and R. S. Schofield, *The Population History of England 1541-1871*, Cambridge: Cambridge University Press, 2nd, 1989, pp. 340-342, 677-679.

早在1662年一位名叫约翰·格朗特的人就宣称英国死于饥饿的人极少。据他对伦敦近20年死亡登记的研究,在229250死亡人口中,死于饥饿的不超过51人。[1]

三

英国"过渡时期"随着资本主义的兴起出现了财富占有不均现象,16、17世纪的人口压力又在一定程度上恶化了雇佣工人的经济状况,但与此同时也出现了一些可以缓解贫困问题的条件和因素。其中有些是技术方面的,比如阿普尔拜认为英国之所以能够较早地摆脱16、17世纪的生存危机,主要是因为英国扩大了春播作物,如燕麦、大麦的播种面积,并提高了它们的产量。由于不受或较少受冬季气候的影响,春播作物的价格稳定。因此,当越冬作物小麦和黑麦因严冬歉收时,穷人可以靠价格低廉的、平时只用作马饲料的燕麦、蚕豆和豌豆渡过饥荒。因此,阿普尔拜说:"在法国,穷人由于过高的价格完全从谷物市场上被排挤出去,因而他们挨饿;英国穷人则以相当合理的价格得到可替代谷物,因而,他们既没有挨饿,也没有死于与此相关的营养不良。"[2]

阿普尔拜提出的技术原因无疑是重要的,但生产的发展,尤

---

1 Quoted in Peter Laslett, *The World We Have Lost: Further Explored*, London: Methuen, 1983, pp. 126, 129.

2 Appleby, "Grain Prices and Subsistence Crises in England and France, 1590−1740", pp. 883, 879.

其是生产的实质性发展——劳动生产率的提高可能意义更为重大。费边主义者似乎认为社会财富的总量是固定不变的，因此一部分人之得必然是另一部分人之失。事实并非如此。在经历了中世纪晚期的"封建主义危机"之后，领主对农民的地租剥削减轻，[1] 与此同时，在大陆欧洲发展起来的直接税，如法国的人头税（taille），并未在英国出现。英国的税收是以补助金名义征收的，是非常规性的，而且税率也很低。[2] 因此，相当一部分农业剩余保留在直接生产者——农民手中，它们往往被以这种或那种形式投入到农业再生产之中。16、17世纪的英国农民比他们中世纪的前辈拥有更多牲畜。马克·奥弗顿和布鲁斯·M. S. 坎贝尔利用2000份庄园账簿、3000份遗产清单对混合农业发达的诺福克郡进行了量化分析，发现14—17世纪该郡单位面积上的牲畜密度翻了一番。[3] 在莱斯特郡的威格斯顿村，普通农户有3匹或4匹马，它们被用于拉车、犁地和耙田。该村首富威廉·阿斯特尔有12匹马、20头牛和100只羊。[4] 农民还投资于改良土壤、兴修水利等方面。

---

1 Bruce M. S. Campbell and Mark Overton eds., *Land, Labour and Livestock*, Manchester and New York: Manchester University Press, 1991, pp. 36–37.

2 Clay, *Economic Expansion and Social Change: England 1500–1700*, Vol. 1, p.78; W. G. Hoskins, *The Midland Peasant: The Economic and Social History of Leicestershire Village*, London: Macmillan, 1957, p. 177.

3 Overton and Campbell, "Norfolk Livestock Farming 1250–1740: A Comparative Study of Manorial Accounts and Probate Inventories", *Journal of Historical Geography*, Vol. 18, No. 4(1992), pp. 377–396.

4 Hoskins, *The Midland Peasant: The Economic and Social History of Leicestershire Village*, pp. 158–159.

早在1967年埃里克·克里奇就指出,由于新技术的出现,如草场—耕地轮换、水灌草地、排干沼泽、人工施肥、选种以及引进代替休耕的肥田作物等,英国农业在组织形式尚未发生大的变化的情况下,使粮食产量翻了一番。尽管他的某些具体观点,如由于过分强调16、17世纪的"农业革命"而贬低18、19世纪的农业进步,在学术界引起争议,但他对于这一时期农业发展的基本估计却得到了广泛的认同。[1] C. G. A. 克莱在1984年出版的一部带总结性的关于16、17世纪英国经济史的教科书中写道,根据诺福克和萨福克的资料,估计英国小麦的亩产量从15世纪的8—9蒲式耳上升到17世纪后期的14—16蒲式耳,增长了75%左右。大麦和燕麦上升的幅度可能更大。加上其他因素,如改两田制为三田制、引进肥田作物等,16、17世纪英国农产品总量增长了2.5倍以上。[2]

20世纪90年代以来,西方经济史学家在克里奇等人的研究基础上前进了一步。他们将"生产率"区分为"土地出产率"和"劳动生产率"两类,认为16、17世纪英国农业进步的主要表现还不是土地出产率的提高,即粮食亩产量和总产量的增长,而是农

---

[1] 参见R. B. Outhwaite, "Progress and Backwardness in English Agriculture, 1500-1650", *Economic History Review*, Vol. 39, No. 1(1986), pp. 3-5。国内学者多对克里奇的16、17世纪"农业革命"论持有保留的肯定态度,如王晋新教授认为16、17世纪英国农业的变化尚属于"增长"层面的变革,并不具备克里奇所认为的"农业革命"性质,但它为17、18世纪"发展"性新型农业的形成和18世纪下半叶的农业革命铺平了道路。参见王晋新:《深刻而全面的经济变革——论16—18世纪中叶英国社会经济》,收入侯建新主编:《经济-社会史——历史研究的新方向》,北京:商务印书馆,2002年,第239—240页。

[2] Clay, *Economic Expansion and Social Change: England 1500-1700*, Vol. 1, pp. 137-138.

业劳动者人均生产粮食数量的增长。G.克拉克根据统计资料，对1300年和19世纪中叶英国的农业劳动生产率进行了比较，发现在此期间英国的农业劳动生产率发生了革命性的变化，人均净产出指数由0.38上升到0.95，远远高于同一时期的欧洲大陆国家。克拉克认为这一变化主要发生在1600年之前。[1] 罗伯特·C.艾伦持类似看法，他认为英国历史上经历了两次农业革命：一次是17世纪"约曼的农业革命"，另一次是18世纪"领主的农业革命"，即圈地运动；无论在提高单位面积产量，还是在提高劳动生产率方面，前一次革命的影响都远远大于后者。[2]

由于资料的限制，克拉克选择的比较对象是19世纪中叶，而不是他所要强调的16、17世纪。因为13、14世纪英国有大量庄园账簿，19世纪有丰富的官方和非官方调查报告，这两类资料可以用来计算当时劳动投入和产出的比例，但在16、17世纪类似的资料却极为有限。正因为如此，克拉克和艾伦的估计是可存疑的。事实上，马克·奥弗顿就坚持认为英国农业劳动生产率的大幅度提高发生在18世纪，尤其是18世纪中叶以后。[3]

除了前面提到过的资本和技术因素外，还有一些因素有助于劳动生产率的提高。比如在16、17世纪市场经济的刺激下，英

---

[1] Gregory Clark, "Labour Productivity in English Agriculture, 1300−1860", in Campbell and Overton eds., *Land, Labour and Livestock*, pp. 212−213.

[2] Robert C. Allen, *Enclosure and the Yeoman*, Oxford: Clarendon Press, 1992, pp. 13−19.

[3] Mark Overton, *Agricultural Revolution in England*, Cambridge: Cambridge University Press, 1996, pp. 7−9.

国农民的劳动积极性大大提高;[1] 16、17世纪的英国农民,尤其是"约曼"农经营的土地面积远远大于中世纪的小农,有利于劳动力充分使用,减少隐性失业;[2] 宗教改革废止了中世纪频繁的宗教节日及其庆典活动,使得生产者可用于生产活动的时间大大增加。[3] 当时人已意识到在他们生活的年代生产率有很大提高。威廉·哈里森在《英国叙事》中写道:"毫无疑问,它(指英国土地——笔者注)就在我们亲身经历的日子里变得比过去丰产得多,因为在获取的推动下,我们的农民变得比过去更能吃苦,更有技巧和更加细心。"[4]

英国财富增长的主要受益者是新兴的社会中间阶层,如约曼农、独立的手工工匠、中小商人,但普通民众也在一定程度上受益。[5] 16、17世纪英国雇佣工人的实际收入情况还有待于进一步研究,但有迹象表明并不太低。16世纪前期考文垂雇工的日工资最低不低于3便士,木匠帮工的日工资为10便士,菲西安-亚当斯认为,在正常情况下考文垂的实际工资水平,"至少足以使雇工生活保持在高于真正的生存贫困线以上,帮工生活则远远高于生

---

1 Mildred Campbell, *The English Yeoman under Elizabeth and the Early Stuart*, New York: Augustus M. Kelley Publishers, reprinted in 1968, pp. 207-208.

2 Campbell and Overton eds., *Land, Labour and Livestock*, p. 37.

3 Walter, "The Social Economy of Dearth in Early Modern England", p. 88.

4 Harrison, *The Description of England*, p. 432.

5 Gregory Clark, "Productivity Growth without Technical Change in European Agriculture before 1850", *Journal of Economic History*, Vol. 47, No. 2(1987), p. 420.

存贫困线"[1]。17世纪末已经有人抱怨英国雇佣工人工资太高,以至于影响到该国的制造业。[2]已故雇工的动产清单表明当时部分雇工是富裕的,比如16世纪60年代去世的莱斯特郡雇工理查德·斯潘塞遗留下来的动产价值达32英镑18先令8便士,其中18英镑零6便士是别人欠他的债务。他有一处茅屋及其周围的3—4英亩地;此外,他还有在公用地上放牧的权利,他在那里养了20只羊、6头牛,还有2—3头猪和6只母鸡。[3]

除生产发展外,当时人对贫困问题的高度重视以及政府采取的行之有效的济贫措施是"过渡时期"贫困问题得以缓解的另一重要因素。贫困在中世纪早已存在,但一直未引起人们足够的重视。这与罗马天主教的影响有关。在中世纪,贫困被看作一种"神圣状态",穷人被看成"上帝(受难)的肢体和他本人的代表",是"上帝的嗣子","上帝的至爱"。[4]受贫困崇拜思想的影响,中世纪的欧洲出现了一批自愿贫穷者——托钵僧和职业乞丐,他们走村串巷,以乞讨为生,成为当时欧洲一道奇特的风景线。罗马天主教还宣称施舍可以洗清人的罪,因此,贫困是不可能也不应当清除的,因为它为成千上万渴望拯救的人提供了施舍

---

1 Phythian-Adams, *Desolation of a City: Coventry and the Urban Crisis of the Late Middle Ages*, pp. 133-134.
2 "A Bristol Merchant Discourses on the Merits of High Wages, 1695", in Thirsk and Cooper eds., *Seventeenth-Century Economic Documents*, p. 321.
3 Hoskins, *The Midland Peasant: The Economic and Social History of Leicestershire Village*, p. 174.
4 Quoted in Michel Mollat, *The Poor in the Middle Ages*, New Haven: Yale University Press, 1986, pp. 256, 258-259.

的对象——穷人。

这种状况在15、16世纪发生了变化。由于市场经济和资本主义的兴起,贫困问题变得比以往更加严峻,迫使人们不得不正视它。当人们用世俗的眼光重新审视贫困时,它没有了以往神圣的光彩。意大利人文主义者认为贫困有损人的尊严,阿格里帕·道比涅说:贫困"使人丢人现眼"[1]。16世纪上半叶,当受到人文主义熏陶的英国人突然"发现"他们面临的贫困问题时,反应尤其强烈。黑尔斯惊呼:"贫困从来没有像现在这样普遍过。"[2]英国人文主义者还将贫困与社会动乱联系起来,弗朗西斯·培根在《论叛乱和动乱》中说:"叛乱之源有两种:多贫与多怨。有多少破产者就有多少动乱拥护者,这是确定无疑的。"[3]

从16世纪20—30年代开始,英国的市政官员、慈善家就尝试寻求解决贫困问题的各种途径和方法。在总结地方经验的基础上,英国政府于1598年、1601年陆续颁布了著名的《济贫法》。通过征收济贫税并在基层堂区设置济贫官员,建立起人类历史上最早的济贫制度。1793年,兰开夏郡首席治安法官托马斯·巴特沃思·贝利自豪地说:"在这个世界上没有一个国家的穷人得到过像我们这里如此充足的供养。我们每年都征收数额巨大的资金,用

---

1 Quoted in Mollat, *The Poor in the Middle Ages*, p. 256.

2 Quoted in Whitney R. D. Jones, *The Tudor Commonwealth 1529–1559*, London: The Athlone Press, p. 110.

3 Francis Bacon, *Collected Works of Francis Bacon*, Vol. VI: *Literal Works*, London: Routledge/Thoemmes Press, 1996, pp. 408–409.

于养活他们……"[1]贝利的说法并非夸张。据估计，1783—1785年间英国年平均用于济贫的开支占国民总收入的2%，领受救济的穷人达到总人口的10.9%，[2]这足以覆盖英国生活在生存贫困线以下的穷人。

看来英国"过渡时期"的贫困问题远没有以往史学家描述的那样严重。尽管英国在这一时期经历了社会分化和不平等，但由于生产发展以及近代济贫制度的建立，可能出现的严重贫困问题得到了缓解。费边主义史学家在论述市场经济和资本主义兴起的同时强调"过渡时期"的不平等，后世的史学家力图展现这一时期贫困的真实状况，而关注贫困问题的其他人文和社会科学学科更是将这一话题拉得更远。也许贫困问题并不在于贫困本身，而在于人们对社会异质性的敏感。

（原载《历史研究》2004年第4期）

---

[1] I. R. Christie, *Stress and Stability in Late Eighteenth-Century Britain*, Oxford: Clarendon Press, 1984, p. 97.

[2] Paul Slack, *The English Poor Law, 1531-1782*, London: Macmillan, 1990, p. 30.

告别饥荒：近代早期英国的农业革命

晚近的气候和环境史研究表明，1300—1850年间欧亚大陆经历了一个漫长的寒冷时期，美国地质学家弗朗索瓦·马瑟斯将之命名为"小冰川时代"。"小冰川时代"是人类历史上突发事件多发时期，其中1645—1715年，即"蒙太极小期"（又称"太阳活动极小期"）又尤为突出。受全球寒冷气候的影响，俄罗斯、中国、日本、印度、中东、西北欧直至伊比利亚半岛，到处是饥荒、疾病和战争。因此，美国历史学家杰弗里·帕克将之称为"17世纪的全球危机"。在帕克的论述中，17世纪中后期英国的内战和革命是一个典型例证。英国社会史学家史蒂夫·欣德尔则认为"1647—1650年的收成危机"推动了英国革命的深入。但是，英国的农业史学家，如马克·奥弗顿、理查德·W.霍伊尔反对这种简化的观点。在他们看来，气候变冷只是一种挑战，如果应对得当不仅可以降低其危害，还可以产生某些积极影响，如新的农业技术发明。事实上，至少在17世纪90年代气温最低时期，英国不仅没有出现食物匮乏，还成为纯谷物输出国。在2017年春季的《跨学科历史杂志》上，西班牙环境和经济史家恩里克·特略等人撰文指出，英国的农业革命恰恰发生在"蒙太极小期"。虽然这一时期的技术发明，如通过多施肥抵消寒冷造成的有机物分解缓慢的影响只是权宜之计，但是一旦人们发现新技术能带来粮食高产，它们就会被保留下来，即使气候回暖也不会改变。笔者不否认气候变化对英国农业技术改良的刺激作用，但不宜夸大。事实上，英国农业革命在"蒙太极小期"到来之前已经开始。

16世纪后期至18世纪初是欧洲饥荒的高发时期，英国也未能幸免。1587—1588年、1597—1598年、1622—1623年英国都曾发生过饥荒。1623年，英国西北部饥荒最严重的坎伯兰郡和威斯特摩兰郡有饿死人的现象。同年在东密德兰的林肯郡，穷人因为市场价格太高买不起粮食，不得不屠狗宰马充饥。即使是英国的"粮仓"诺福克郡也受到影响，穷人不得不吃替代食物。当地治安法官报告说，穷人制作面包不得不在大麦面粉里加进荞麦，但因"不适，厌食之"。但是，安德鲁·B.阿普尔拜对都铎、斯图亚特王朝饥荒的开创性研究表明，同欧洲其他国家特别是法国相比，英国率先走出了饥荒的阴影。他认为，1650年以后英国再也没有发生过饥荒，而法国却在1661—1662年、1693—1694年、1709—1710年遭受了更大规模的饥荒。法国学者将之称为"17世纪晚期的危机"。此外，英国的饥荒是局部的，真正法国式的"生存危机"只存在于英国的西北边区。这里保留着传统的小农经济，没有充分整合到正在形成中的统一的国内市场中，因此当饥荒来临时没有能力从外部获取所需的粮食。剑桥人口与社会结构史研究组通过对保存完整的404个堂区的葬礼登记进行统计分析，进一步证实了阿普尔拜的观点。

那么，英国为什么较早地摆脱了饥荒，甚至几乎没有受到"蒙太极小期"寒冷气候的影响？目前主流派的观点归因于都铎、斯图亚特王朝有效的社会政策。英国王室政府在饥荒年间干预谷物市场有很长的历史，但是经过都铎王朝的"政府革命"，这种干预变得更经常，也更有效率。政府的政策包括平抑谷价、打击囤积居奇的投机商、禁止谷物出口并组织谷物进口等。1596年10月至1597年3月英国灾情初现，就有11万夸脱谷物从波罗的海运抵伦敦。这一系列政策的背后是对消费者特别是穷人生存权的关护，因此英国史学家将之称为"道义经济"。都铎、斯图亚特王朝《济贫法》的颁布和实施也有重要影响。《济贫法》包含三要素：为老弱病残者发放津贴；打击身强力壮的流浪汉；安置穷孩子学徒。早期都铎王朝出于对社会秩序的担心，将济贫的重点放在打击流浪汉方面，但随着时间的推移，逐渐转到救助老弱病残者和安置穷孩子上。而后两类恰恰最容易成为饥荒牺牲品。在中央政府的大力推动下，仅埃塞克斯郡在17世纪30年代就安置了6000个穷孩子。据笔者对斯塔福德郡治安法官《季会卷宗》的研读，发现当地政府与其说是安置穷孩子学徒，不如说是让他们寄居就食，以至于不事生产的乡绅家庭也被强迫接受学徒。

尽管如此，笔者仍然认为，生产的发展尤其是农业生产的发展是英国率先走出饥荒的更重要的原因。英国的农业革命从16世纪中叶开始并持续到18世纪,其中既受到气候环境的影响,也受到人口和经济因素的推动。现有的研究表明,在"中世纪暖期"向"小冰川时代"过渡时期,即14、15世纪,欧亚大陆不同程度地出现过农业收缩。英国在经历了14世纪中叶的"黑死病"和人口锐减之后,西北寒冷地区大多转变为牧场;中部密德兰地区许多村庄被抛弃,成为"消失的村庄";农业生产活动越来越多地集中到东南地区。但随着16、17世纪英国人口回升,加之城市和乡村手工业迅速发展,非农业人口比例扩大,农业不得不向深度发展。因此,英国开始了农业史学家埃里克·克里奇、E. L. 琼斯等人所称的"农业革命"。

英国农业革命的核心是一系列技术改良和新技术发明,其中影响最大的有三项:首先,推广三田轮作制。三田轮作,即将耕地分成秋播、春播和休耕地,逐年轮换,是中世纪欧洲的发明。同古代地中海世界的两田轮作制相比,该发明的意义不仅提高了土地利用率,还增加了农作物的多样性。因此,当秋播的小麦或黑麦歉收,春播的大麦或燕麦可降低饥饿的风险。英国牧师威廉·哈里森在1577年出版的《英国叙事》中说,富人吃小麦面包,穷人吃黑麦和大麦面包。但遇上荒年,许多穷人不得不吃由蚕豆、豌豆或燕麦制作的面包,后者通常仅用作马饲料。三田轮作需要更多肥料,中世纪欧洲由于肥料跟不上,该技术实际采用有限。不过,英国农业史学家的研究表明,17世纪英国春播作物的种植面积和单位面积产量都大幅度增长。阿普尔拜对比饥荒年份英法两国的谷物价格，发现在法国谷价普遍上涨的同时，英国虽然小麦价格上扬，但大麦和燕麦价格保持稳定。因此，他认为正是英国充足的春播谷物供应，使英国避免了法国式"生存危机"。

其次，发明"草—田轮作"制。"草—田轮作"最早出现于英国西北地区，1560年以后被引入广大的密德兰平原，这是一种适合以畜牧为主的地区的农业新技术。所谓"草—田轮作"就是将过去的永久性牧场一分为二，一部分犁开用作农田，另一部分保留为短期牧场，数年之后两者交换。短期牧场积累了大量牲畜粪便，十分肥沃，因此一旦转为农田，不用施肥即可高产。时人估计，在传统的三田制下，收获与种子之比最高才能达到10:1，但"草—田轮作"制下达到20:1都算平常。

再次，引入肥田作物。早在中世纪，诺福克就通过在休耕地种植豆科作物如蚕豆、豌豆，以增加土壤的肥力。16、17世纪这项技术被推广到英国其他地区。但近代早期英国最大的技术进步是引入饲料作物，尤其是三叶草和冬青。按照农业史学家G. E. 富塞尔和克里奇等人的研究，三叶草和苕青是16世纪末17世纪初从低地国家引入的，17世纪中后期作为饲料作物被广泛种植于休耕地和牧场。饲料作物引入的直接结果是牲畜数量大增，因此，奥弗顿认为17世纪英国农业最大的突破是在牲畜方面。按照他的估计，这个世纪英国牲畜的放养密度翻了一番。英国农业是农牧混合的，用于粮食生产的肥料主要来自牲畜，因此牲畜多意味着肥料多，肥料多必然导致粮食高产。前文提到的17世纪英国春播作物的种植面积和单位面积产量都大幅度增长与此有关。

在漫长的历史长河中，饥荒总是与人类形影相随，但英国却在"17世纪的全球危机"中摆脱了饥荒。这是人类征服自然、改造自然的重大胜利，其意义一点不亚于后来的英国工业革命。20世纪80年代以来，学术界的饥荒和饥荒史研究深受印度学者阿马蒂亚·森的权利理论影响，强调食物分配的重要性。英国的经验表明，要克服饥荒，粮食的公平分配是必要的，但从长远发展的角度看，食物的有效供给，即农业生产的发展更为重要。

（原载《光明日报》2017年6月19日）

水利与英国社会

在英国历史研究中，水利是一个被长期忽视的问题。在很大程度上，这种状况是受学界由来已久的"东方主义"影响造成的。按照东方主义者的划分，东方是"治水社会"，大规模的灌溉工程是东方专制主义的基础，而西方由于得天独厚的自然环境，雨水充沛，不用人工灌溉，因而也无须强有力的中央政府。直到20世纪90年代，上述状况才有所改变。1999年10多位分别来自环境科学、景观考古和农业史研究领域的知名专家共同探讨英国历史上的水利建设及其得失，推出了《英国景观中的水管理：耕地、沼泽和水草地》。主编哈德里安·库克和汤姆·威廉森在《引言》中写道："英国农业水管理的历史，可能不像某些东方文明那样引人注目，但从长期看，仍然是理解农业、景观和更广泛的经济发展的关键之所在。"

开发潮湿地

英国位于欧亚大陆西北端，受大西洋环流气候的影响，全年温和湿润，年平均降雨量约1100毫米。水资源丰富有利于植物生长，发展农业的潜力大，但也带来一系列新的问题。首先，积水会挤占土壤的氧气空间，导致农作物根部的有氧呼吸不畅，时间久了会根茎腐烂，乃至农作物死亡。其次，水蒸发会消耗土壤的大量热量，延迟农作物生长周期，从而导致减产，冬季渍水还会引起霜冻。因此，在英国湿地又被称为冷地。最后，森林、沼泽密布，加之米德兰和其他部分地区重黏土坚硬板结，也给耕种造成了困难。英国土地的大开发及其利用直到9、10世纪才真正开始。与地中海农业不同，英国水利的首要任务是排出多余的水。

英国农业是欧洲两种食物生产传统，即地中海小麦种植和西北欧牛羊饲养相结合的产物。小麦原本是旱地作物，生长周期长，不适合在英国潮湿的环境种植，即使在罗马人统治时期，这里也只能种植生长周期短、耐湿耐寒的大麦和燕麦。因此，在英国引种小麦首先需要排水，最常见的方式是垄沟排水。9、10世纪，英国首次采用重犁，重犁由犁刀、犁铧和推土板组成。犁刀切割地皮，犁铧深耕松土，推土板则起垄开沟。垄背上的水渗流到垄沟，再从垄沟排走。种子撒播在垄背上，地面离水，有利于农作物生长。垄作对于引种小麦尤为重要，小麦是越冬作物，冬季潮湿地往往霜冻，会冻死麦苗，长在垄背上则能避免。因此，13世纪英国农学家沃尔特强调："在地里播种时，沼泽地和潮湿地要起好垄,将水排走,使地面无水。"

英国考古学家和农业史学家晚近的研究表明,垄沟排水在英国大多数地区都不同程度地被采用过,在米德兰尤为典型。这里地势低洼平坦,河流纵横,土地肥沃,加上面积广大,是中世纪英国农业优先开发的地区,但治水任务艰巨。为了有效排水,起垄要高出地面许多,通常1英尺左右,有些地方高达3英尺。直至今日,中世纪的垄沟仍能从米德兰凸凹不平的农田外貌上被观察到。为了便于治水,米德兰领主和农民集中居住,形成了核心村庄,并发展出条田交错的敞田制度。垄田是敞田的基本单位,垄田即条田。垄沟不仅排水,还将农户各自的条田区分开来。米德兰地区庄园制度发达,治水和敞田管理通过庄园法庭统一进行。在中世纪和近代早期米德兰的庄园档案中,保留着大量关于治水的记录。1523年和1554年,北安普顿郡赫明顿庄园法庭要求佃户在米迦勒节后将条田尽头的田埂破开,以便垄沟排出的水流出"弗隆"(由同一方向的一组垄田组成的小田),不至于因为"弗隆"田头积水影响大田治水效果。

米德兰之外,由于环境和田制不同,农田排水表现出较大的差异性。在东盎格利亚和赫特福德郡贫瘠的土地上,农民使用灵活的浅耕犁,垄沟狭窄,呈"线迹"状。在肯特和中埃塞克斯林地,农田是通过领主或农民零星蚕食开垦出来的,很早就被圈围。这里的排水主要是通过挖沟,农田四周的壕沟和树篱是该地独特的乡村景观。

排干沼泽

英国沼泽数量多、面积大。东部滨海泥沼面积达2000平方公里，西南萨默塞特平原洼地650平方公里，除此之外，西南塞文河口、东南罗姆尼沼泽面积也很大。沼泽地资源丰富，土壤肥沃，但比潮湿地更难排干。12、13世纪随着英国人口增长，土地资源紧张，对沼泽地的开发逐渐展开。人们临水筑堤，疏浚水道，将可以利用的土地圈围起来。圈地内起垄开沟，排出渍水。沼泽地的开发和利用需要兴修大型水利，通常由经济实力雄厚的修道院主导。由于这些水利工程需要当地居民密切合作，13世纪英国发展出经国王授权的"水利委员会"制度，委员会负责维护防洪堤、清理河道，有权向相关责任人派工派活，并有权向本地居民征收相关税费。但是，中世纪的水利工程是地方性的，效率不高，真正开发的地区少。大多数沼泽仍处于自然状态，是当地居民割芦苇、挖泥煤、捕鱼的场所，因此，沼泽地是英国公地农最集中的地方。即使被圈围开发出来的土地，也由于排水不尽，只能用作牧场和生产过冬干草的草地。

以上状况在16、17世纪发生了变化。首先，宗教改革时期沼泽地修道院地产被国王没收，除部分保留给王室外，大部分被国王拍卖。新的土地所有者大多来自商人或律师家庭，他们受传统基督教思想束缚少，更具有牟利的冲动。其次，16、17世纪是英国"国家建构"时期，无论是都铎、斯图亚特王朝的君主，还是英国内战时期的议会，都把支持大规模水利建设作为扩大政府权力的手段和合法性基础。最后，受人文主义和新教神学思想的影响，英国知识界要求"改进"自然和人类社会的热情高涨，他们呼吁将芦苇丛生、瘴气弥漫的沼泽变成肥美良田，从而造福社会。受上述因素共同推动，16、17世纪英国的沼泽地开发不再是零星的，而是整体的；地方性"水利委员会"也发展成全国性机构，受大法官及其所属政府官员管辖。

沼泽地大开发是英国水利史上的壮举，但开发过程中遇到的困难和挑战也前所未有。除了技术问题之外，资金来源以及国王、地主和公地农之间的利益冲突是两个最棘手的问题。为了吸引荷兰的技术和资金，英国采取了以开垦土地作为回报的诱人策略，这种策略很快转变成同样适用于国内的集资方式。投资者大多是国内外银行家和大商人，他们被称为"冒险家"，即敢于为不确定收益压上自己资本的人。1630年以贝德福德四世伯爵为首的大地主同一群"冒险家"一起，启动了位于英国东部沼泽的贝德福德工程。按计划，大地主将45000英亩开垦地授予"冒险家"，12500英亩赠给国王，预留42500英亩给新成立的开发公司，作为维护排干工程的资金来源。

排干沼泽不仅改变了当地生态，也改变了当地的利益格局和生活方式，因此国王、地主和公地农三者之间矛盾冲突不断。都铎王朝为了在宗教改革等重大问题上赢得社会的支持，扩大了英国议会的权力，该王朝统治时期排干沼泽的计划都是以议会法令形式通过的，但斯图亚特王朝改变了这一传统。国王在沼泽地区拥有大量土地，为了解决王室政府日益窘迫的财政问题，詹姆士一世和查理一世亲自主持大型王室排干工程，如1618年詹姆士一世在萨默塞特的塞奇穆尔工程、1626年查理一世在林肯郡的阿克斯霍姆工程。查理一世还强势介入大地主主导的贝德福德工程，遭到了大地主和公地农的强烈反对。英国革命时期的著名军事领袖、护国公克伦威尔也是当时的反对者。不过他反对的不是排干沼泽计划本身，而是"不公正"的利益分配。沼泽地开发中的利益冲突加速了英国革命的到来。英国革命爆发后，议会获得对排干沼泽工程的决定权。1649—1656年在"增进公益"的呼声中，共和国和护国政府掀起了英国乃至欧洲历史上前所未有的排干沼泽高潮。但实际上，由于地主控制着议会，他们和那些参与投资的"冒险家"才是真正的获益者。随着革命期间和王朝复辟之后沼泽地开发的快速推进，公地农失去了谋生的手段，最终从英国历史上消失了。

灌溉草地

英国农业的发展离不开畜牧业。重犁要8头牛才能拉动，需要养很多牛；19世纪人造化肥出现之前，英国农肥主要来自牲畜粪便，尤其是含氮量高的羊粪，粮食增产的关键是多养羊。因此，英国农村除耕地外有专门的牧场，他们还将收获后的条田用作公共牧场。尽管如此，英国仍然面临冬春之际牧草短缺的问题。从7世纪开始，英国在水源充足的地段，如河边或洼地有水处种植水养牧草，夏季收获晒干，以备牲畜过冬。但由于英国牲畜多，干草需求量大，而适合生产干草的水养地少，因此此类草地比耕地珍贵很多。1312年白金汉郡谢灵顿领主直领地出租，草地价格是耕地的6倍。米德兰河流多、地势低洼，是中世纪英国草地最多的地区，可达农田面积的5%—10%。

中世纪草地是自然形成的，虽不充裕，但可大体满足当时农业的需要，这种状况在16、17世纪发生了变化。16、17世纪英国形成了以伦敦为中心的统一的国内市场，英国东南地区城市工商业发达，为满足伦敦及其周围地区城市不断增长的粮食需求，英国南部的白垩丘陵即威塞克斯转变成新兴粮食生产基地，西部山区则专于畜牧业生产。威塞克斯土地贫瘠，要发展粮食生产不得不多养羊，英国历史上典型的"羊—谷"农业在这里发展起来。"羊—谷"农业的核心是"拢羊积肥"，即将羊群赶进设在农田上的羊栏过夜，以便积攒羊粪。但是，威塞克斯和英国西部山区天然草地很少，为了适应饲养大量牲畜的需要，不得不采用人工灌溉。

灌溉草地需要筑坝、建闸、修水渠，虽然工程没有开发沼泽大，但也需要专业水工、资本和有效的组织。英国乡绅和商人在其中起了重要作用。乡绅不仅仅是地主，还是庄园领主，可以通过庄园法庭平息反对意见，保证工程计划通过。1629年普德莱顿庄园领主亨利·黑斯廷斯亲自出席庄园法庭，支持庄园管家理查德·拉塞尔将普通草地改造成灌溉草地的计划。该计划使255英亩草地变成了灌溉草地，佃农以抽签方式获得各自应有的草田份额。草地灌溉似乎加强了"羊—谷"农业区的庄园制和敞田制，但实际上由于乡绅不同于过去的封建领主，庄园法庭更多地反映了庄园主自身和大佃农的利益，小佃农、公地农的习惯权利不再受到保护。有的工程很大，穿越好几个村庄，需要大量资金，这为商人介入提供了可能。伦敦大商人、英国议会议员约瑟夫·阿什在通过购买、租赁方式获得埃文河谷的大量土地后，于1665—1690年提议并出资兴建了沿埃文河全长8公里的灌溉草地工程。最初的预算是2000英镑，但最终开支超过了5000英镑，这在当时是一笔很大的投资。

综上所述，我们可以得出如下结论：首先，水利在英国历史上确实存在，将东西方简单区分为"治水"和"非治水"社会是不符合历史实际的。其次，新修水利需要组织人力、物力，会对地方社会乃至中央权力机构造成冲击和影响，但不宜夸大。17世纪英国的沼泽大开发伴随着国王、地主和公地农三者之间的博弈，事实上是这种博弈而非大开发本身决定了英国未来政治的走向。英国地主在博弈中胜出，从而导致了地主寡头对英国漫长的统治，这种统治直到1832年才被议会改革所打破。再次，水利对经济发展的推动作用是巨大的。1662年阿克斯霍姆工程竣工后不久，威廉·达格代尔就热情洋溢地写道："现在全世界都可以看到这个宏伟的、尽管要承担费用的工程给公众带来了多么大的好处。"实际上这种好处是以对部分人，特别是公地农利益的损害为代价的。晚近历史研究表明，排干沼泽还带来了一些生态问题，而这些问题要么未被时人认识，要么被有意忽略了。因此，如何在效率与公平、发展与生态之间保持平衡的问题由来已久，需要史学工作者更多的关注。

（原载《光明日报》2018年11月12日）

集体行动与近代早期西欧鼠疫的消失

14世纪中叶,人类历史上最大的一场传染病——大鼠疫席卷了几乎整个欧亚大陆。这场疾病起源于蒙古人控制下的欧亚大草原,然后沿横跨其境的东西大商路传播开来。这次大鼠疫带来的灾难非常惊人。据估计,1347—1351年间的"黑死病"(欧洲人对大鼠疫的称谓)造成欧洲一半左右的人口死亡。由于人口锐减,大量居民点被遗弃,欧洲出现了许多"消失的村庄"。在经过14世纪中叶的大暴发之后,鼠疫并没有从欧亚大陆消失,直到19世纪中后期,它仍肆虐于东欧、巴尔干半岛、西亚和北非等地。但是,西欧是一个例外。早在1656—1721年间,西欧诸国就先后走出鼠疫的阴影。奇怪的是,当时的西欧人并未发明出医治鼠疫的药物,他们对这种疾病的起因和传播渠道也不清楚。那么,鼠疫为什么会在西欧突然消失呢?这是西方疫病专家、历史学家长期争论的问题。多数专家学者认为这与西欧有组织的抗鼠疫行动有关。

今天我们已经知道，鼠疫是由耶尔森氏细菌感染引起的发热性传染病，通过鼠蚤传播。带菌蚤类原寄生于野生啮齿动物，如欧亚大草原的土拨鼠、地松鼠和沙漠鼠身上，在一定环境下可将病菌传播给牲畜和人，形成兽疫和人疫。14世纪中叶，带菌蚤类在欧亚大草原以南广大的农耕世界找到了新的宿主——黑鼠。在病鼠大量死亡之后，饥饿的鼠蚤就叮食人和动物，人被叮咬后便可能被感染。鼠疫最初以"鼠—蚤—人"的方式传播；而一旦流行开来，又多以"人—蚤—人"的方式传播。后一种情况近似人与人之间的直接传染。正因为如此，16世纪西欧的医书将鼠疫定义为"触染性热病"。

大鼠疫是通过热那亚商船从黑海带到意大利港口的，疫菌携带者或为躲在船舱或货物中的病鼠，或为粘在人衣服和货物上的鼠蚤。西欧人有组织的抗鼠疫行动并不是一开始就有，它经历了一个发生、发展到成熟的过程。当1347—1351年"黑死病"第一次袭击西欧时，许多人将它看作"上帝之怒"，是上帝对人类罪孽的惩罚。在德国和相邻地区出现了"鞭笞赎罪团"，赎罪团的成员以皮鞭互笞，以平息上帝的愤怒。但也有人以世俗的眼光看待"黑死病"，认为这是一种新的传染性疾病。由于当时的西欧尚处在封建状态，缺乏有效的组织，人们的行动是个体性的，主要方式是逃离。这种个人行动被一位16世纪的意大利人概述为：抗鼠疫的"药片由三种成分构成，即跑得快，去得远，回得晚"。逃离固然能使部分疫区居民脱离险境，但它又会加速疫病扩散，给更多的人造成生命危害。

集体性抗鼠疫行动最早出现在意大利，这里不仅受黑海和近东地区鼠疫的侵袭最早、最频繁，重要的是建立有组织完善的城市国家。早在1377年拉古萨就对新入境者实行30天的隔离，1380年热那亚和威尼斯也采取了同样的措施。隔离还扩大到来自受疫港口的船只，它们必须抛锚泊船于一个孤立的地点，40天内不得靠岸登陆。事实上，我们今天所熟悉的"隔离"（quarantine）一词就起源于意大利语。隔离是当时人根据经验采取的措施，但后来的科学证明，这种措施是行之有效的，因为30天时间已足以将传病媒介——鼠蚤饿死。为了更有效地防治鼠疫，米兰、佛罗伦萨和威尼斯等城市在14世纪末和15世纪先后成立了卫生委员会，并制定了详细的公共卫生管理条例。

16世纪初，集体性抗鼠疫行动发展到阿尔卑斯山以北地区。这与意大利的影响密切相关，因为意大利不仅提供了隔离样板，还将人文主义者通过有组织、有计划的行动改善人类生存环境的思想传播到了西北欧。在托马斯·莫尔的《乌托邦》中，公共卫生作为作者社会改革总设想中的一部分受到了特别的重视。与同时代的其他人文主义者一样，莫尔认为国王和地方官员对老百姓负有责任，他们应将公共福利置于个人名誉、野心和私利之上。除此之外，15世纪末16世纪初民族国家在西北欧兴起，为集体性抗鼠疫行动提供了组织上的保证。

英国有组织的抗鼠疫行动是在红衣主教沃尔西、托马斯·莫尔以及亨利八世的推动下开始的。与欧洲大陆相比，英国行动较晚，但由于有中央集权的政治结构，英国很快成为欧洲抗鼠疫最有力的国家之一。通过王室公告、枢密院指令和议会立法，英国推行了一套通行全国的制度化的政策和措施，其中主要包括：疫户隔离，染病的家庭被封锁起来，并由当地堂区雇用专人日夜看守，不许人进出；疫病期间禁止一切公共集会，禁止流浪汉和乞丐四处活动，并禁止猪、猫、狗等家禽和宠物到处乱窜，以减少传染途径；注意公共卫生，保持街道干净，保持室内清洁和空气清新，垃圾和废物要及时清理并运送到远离城市的地方。上述措施的实施是强制性的，1604年的防疫法令规定，那些有意外出、对他人生命健康造成威胁的染病者可被判重罪并处死。不过，到目前为止，史学家只发现了对违反隔离法令者处枷刑，而未发现处死刑的证据，说明当时法律的目的主要在于威慑，而不是真正实施。

就英国具体的防疫措施而言，不少是从欧洲大陆借鉴来的，但英国制度上的优势有助于措施的落实。首先，英国将疫病作为突发性灾难纳入业已存在的《济贫法》中处理，因此可按《济贫法》原则征收救济税，用以援救染病的家庭和地区。其次，英国依靠郡和堂区两级地方行政机构，建立了较为严密的疫情监控系统。按照枢密院的指令，在疫病期间，郡治安法官要分片负责所在地区的防疫工作，堂区牧师和教会执事每周要向该片区的治安法官递交一份疫情报告，其中包括染病人数和死亡人数；郡治安法官每三周召开一次全体会议，讨论疫情并采取相应措施，并将疫情材料整理后上报枢密院，以便中央及时掌握全国疫情动向。

但是，由于当时的英国既没有职业官僚也没有常备军，公共政策的实施在很大程度上依赖于中央和地方、统治者和老百姓之间的理解和合作。16—17世纪的英国政府是负责任的,枢密院总是及时向全国或有关地区通报疫情,并将防疫指令下达给郡治安法官和特许市市长,敦促他们采取行动。英国君主经常亲自过问疫情并下达指示,比如当1598年约克郡的斯卡伯勒镇发生鼠疫时,伊丽莎白女王致信约克大主教,要求制止该镇居民外逃,以避免疫病扩散;同时,要求做好对该镇居民的救援工作。英国的地方官员如治安法官是由当地绅士担任的,其权力基础是他们在当地的影响和声望。无论是出于责任感还是出于对权力的维护,他们在疫病期间大多尽心尽职,甚至不惜冒生命危险。1631年,当鼠疫分别从兰开夏郡和林肯郡扑向英国北方最大城市约克时,北方事务委员会主席托马斯·温特沃思爵士在该城市政官员的配合下,迅速采取严格的隔离措施,终于将疫病阻隔于约克城之外。在整个疫病期间,他一直和约克城居民待在一起。

普通民众在疫病期间也表现出高度的理解和合作精神。其中最令人感动的是德比郡的伊姆人。1665年9月一包从疫区伦敦寄来的旧衣服将鼠疫带到了这个小山村,9、10两个月就有28人染病而死。次年夏季,当气候适宜疫病大暴发时,局势已经无法控制。当时只有逃离才能使部分健康的人活下来。但堂区长威廉·蒙佩森担心居民外逃会通过衣服上"不可见的病种"将疾病传播出去,因而将当地居民劝阻下来,他们将自己限制在村子周围半英里以内的地区。伊姆人为此付出了高昂的代价,74%的人口在这场鼠疫中死去。但他们以自己的牺牲拯救了邻近的城镇和乡村。

由于西欧各国、各地区间联系紧密,因而仅有城市和民族国家单独行动还不够,还需要国际合作。欧洲"黑死病"及其以后的鼠疫几乎无一例外都是从近东传入的,这一地区不仅靠近鼠疫的自然疫源地——欧亚大草原西部,而且直到19世纪,控制这一地区的伊斯兰教徒从未采取过任何有效的防治措施。他们认为鼠疫是真主的仁慈,死于疫病者是为烈士;而且由于鼠疫直接来自真主,因而是不传染的。16、17世纪近东鼠疫通过欧洲防疫体系中的两个薄弱环节渗透进来。一是法国南部的港口。其时法国封建主义和专制主义并存,但无论是旧的封建主,还是新兴的专制君主,都很少关心法国的公共福利。因此,除了少数城市如巴黎外,法国有组织的抗鼠疫行动极为不力。但是,当1720年鼠疫传入马赛,并于次年在法国南部的普罗旺斯省流行开来后,法国国王终于采取行动。他调动了全国三分之一的军队,将普罗旺斯封锁起来,禁止任何人或货物出入。法国这次成功地将鼠疫遏止在南部地区。从此以后,由于法国政府加强了防疫措施,法国南部港口不再是鼠疫的入口处。另一个薄弱环节在东南欧,奥斯曼土耳其人在1453年攻占君士坦丁堡之后,不断向欧洲腹地挺进,并于1683年围攻维也纳。鼠疫也随着土耳其军队进入中欧,并由此传播到西欧。但是,奥地利帝国的军队及其盟军终于在17世纪末18世纪初的战争中反败为胜,并将土耳其人赶回巴尔干半岛。1718年的《帕萨罗维茨和约》划定了奥地利和奥斯曼帝国之间的边界。奥地利在其"军事边境"上设立了"防疫线"。无疫时期,"防疫线"上驻扎着4000防疫人员,来自奥斯曼帝国的人和物必须经过21天的隔离，违者格杀勿论；一旦奥斯曼帝国境内出现疫情，"防疫线"上的防疫人员立即增加到7000人，隔离时间也延长到42天，如果鼠疫传播到奥斯曼帝国控制下的巴尔干半岛，防疫人员进一步增加到11000人，隔离时间也进一步延长到84天。尽管奥地利政府的隔离政策过分苛严，但它有效地切断了鼠疫经东南欧传入中欧和西欧的途径。

在长达三个世纪里，鼠疫给西欧造成的灾难是巨大的，但其影响并不完全是消极的。首先，在抗击鼠疫的斗争中，西欧人逐渐摆脱了宗教的束缚，开始以理性的眼光看待人和世界。其次，通过抗击鼠疫的斗争，西欧人学会了组织自己，从而大大提高了人类征服自然的能力。正因为如此，西方不少权威教科书将"黑死病"作为西欧从中世纪向近代过渡的转折点，道理即在于此。

（原载《光明日报》2003年7月1日）

"黑死病"与意大利和英国的抗疫

1347—1351年,欧洲暴发了一场特大规模的鼠疫,即"黑死病",导致一半左右的人口死亡。时至今日,欧洲人一提起"黑死病"仍无不谈虎色变。在经历了1347—1351年的大流行之后,"黑死病"并未从欧洲消失,而是反复发作,一直延续到1720—1722年马赛大瘟疫。欧洲面临前所未有的危机。据薄伽丘记载,1348年3—7月,佛罗伦萨城里死了10万多人。他说:"多少雄伟的宫殿,华丽的大厦,漂亮的宅第,从前那可是达官贵妇出入如云,现在却十室九空,连个最卑微的仆从都找不到了。"但是,欧洲并未被危机所吞噬。在与"黑死病"的反复斗争中,欧洲人摆脱了早期的恐惧和疯狂,欧洲的公共卫生制度也随之诞生。

一 "黑死病"大流行期间欧洲人的反应

突如其来的"黑死病"让欧洲人心惶惶,一时间各种各样的反应都出现了，其中最典型的表现形式有三种：

一是逃离，这是人求生的本能反应。薄伽丘说在1348年疫病期间，一些"男男女女就只关心他们自己"，"他们抛下自己的城市、自己的家、自己的财产和亲人，尽量设法逃到别的地方，至少也要逃到佛罗伦萨的郊外"。尽管薄伽丘认为这是一种自私行为，但却是疫病期间普遍发生的现象。直到15世纪晚期，一份德意志手稿上还写道："聪明的大夫有三条使我们远离瘟疫的黄金规则：迅速离开，走得远远的，不要急于回来。"

二是认为疫病是上帝的惩罚，于是从意大利开始，欧洲很多地方兴起了"鞭笞运动"。信徒们自发地组织游行，鞭打自己，以示忏悔，祈求上帝宽恕。教皇也参加过阿维尼翁的几次游行。但由于鞭笞者蔑视教会权威，并具有强烈的反犹主义趋向，1349年被教皇克雷芒六世宣布为非法。尽管如此，"鞭笞运动"在欧洲尤其是西北欧禁而不绝。

三是排外，外来移民、流浪汉受到歧视和迫害，其中犹太人受害最深。"阴谋论"者说疫病是犹太人在井中投毒所致，因此，在法国南部、西班牙、瑞士和德意志等广大地区都出现了迫害犹太人的浪潮。数百个犹太人社区被摧毁，大量犹太人被屠杀。2007年，考古学家根据阿拉贡王室留下的关于1348年春300个犹太人在塔雷加被杀害的记录，在当地发掘出一处中世纪犹太人公墓，死者都是因极端暴力致死，不少人还有死后被裹尸的迹象。经历了"黑死病"期间的大迫害之后，犹太人在欧洲的活动中心被迫转移到了东欧。

二 意大利的抗疫斗争和制度创新

幸运的是，欧洲人并未停留在"黑死病"大流行初期恐惧、惊慌和对"他者"的仇恨之中，他们开始探索理性、务实的防疫措施。这关键的一步，是从意大利城市国家开始的。意大利著名史学家卡洛·奇波拉说："为了同鼠疫做斗争，意大利北部主要国家发展出公共卫生体系。最基本的步骤是在1348年疫病大流行时采取的，到16世纪中叶该体系已经达到高度精密和复杂的程度。"意大利的抗疫措施主要有以下几个方面：

1.隔离。按照中世纪医学理论，"黑死病"是"瘴气"即空气污染造成的，因此应对措施要么逃离，要么治理污染源，如清理垃圾、打扫街道、冲洗屠宰场等。但是，早在1348年"黑死病"暴发期间，就有人根据经验认识到这是一种新的传染性疾病，并采取了紧急隔离措施。比如，当早期病例在米兰被发现后，米兰公爵立即下令将有病人的三户家庭堵死，无论病人或健康人，任其自生自灭。以这种近乎残忍的方式，米兰避免了"黑死病"大流行的灾难。到14世纪70、80年代，常规化隔离措施在意大利普遍建立起来，隔离时间通常为40天。

2.建传染病医院。1399年鼠疫在意大利再度暴发，米兰公爵詹加莱亚佐·维斯孔蒂下令在城内建两所传染病医院，将病人从家中移出隔离。次年，他将传染病医院迁到城外偏僻处，他还将病人家属送到城外修道院集中观察。在他看来，控制疫情的关键是要将病人、与病人有过接触的人和健康人隔离开来，彻底切断传播途径。到15世纪中期，意大利大多城市都新建了传染病医院。

威尼斯传染病医院是意大利的典范。1423年，威尼斯政府在潟湖拿撒勒的圣玛丽岛修建了第一所传染病医院。该传染病医院的目的是双重的：一方面收治威尼斯本地的鼠疫病人，另一方面用来隔离来自疫区的船员。该病院后来被称为"老传染病医院"。1468年威尼斯在圣埃拉斯莫岛又建了一所传染病医院，目的是对老传染病医院的病人进行二次隔离。因为政府发现有些在老传染病医院治愈返回威尼斯的病人继续传播疾病，因此，政府规定在老传染病医院出院的病人不得直接返回威尼斯，而是要转到新传染病医院隔离观察40天后再回去。

3.建立疫情通报制度。1399年疫情期间，米兰公爵詹加莱亚佐要求对病人和死亡人数进行统计，并以日报形式呈交他本人，以便亲自掌握疫情动态。后来，公爵的临时措施变成了常规性制度，病人和死亡人数也向社会公布，从而形成了欧洲最早的疫情通报制度。该制度随即被意大利其他城市国家借鉴和采用。

4.使用健康通行证。严格的隔离措施给意大利带来了安全，但也给意大利经济造成了负面影响，并引起了商人和依靠日工资生活的雇佣工人的不满。为了缓解防疫和经济生活之间的矛盾，意大利在15世纪中后期引入了健康通行证制度，没有受到疫情影响的人和货物可凭证通行。

5.成立常设的公共卫生机构。当1348年"黑死病"在意大利半岛肆虐时，威尼斯和佛罗伦萨等城市都任命了特别卫生委员会应对危机。之后，随着"黑死病"反复发作，应对危机的临时委员会逐步转变为常设的公共卫生署。卫生署由任命的卫生专员或选举产生的卫生委员会领导，实际工作则由长期雇用的专业人士承担。米兰的卫生署成立于1448年，威尼斯的成立于1486年，佛罗伦萨的成立于1527年。威尼斯卫生署的工作人员中包括公证人、文书、信使、船长、新老传染病医院院长、医生、护士、看守等。意大利卫生署有处理相关事物的绝对权力，包括立法权、司法权和筹集善款救助穷人的权力。卫生署颁布的条例具有法律效力，他们还可以对不遵守防疫条例的人使用酷刑。

三　英国成功的经验

直到1518年，英国才在亨利八世的大法官和首席国务大臣托马斯·沃尔西的推动下开展防疫抗疫斗争。虽然英国起步较晚，制度也没有意大利完善，但实际效果并不差。1576—1577年、1630—1631年、1656—1657年意大利暴发三次大鼠疫，导致意大利人口锐减，劳动力短缺，国内市场萎缩。在此期间，英国虽然也暴发了1665—1666年的伦敦大瘟疫，但人口损失远没有意大利严重。16、17世纪英国保持着人口和经济持续增长的势头。从某种意义上说，16、17世纪鼠疫的袭击直接导致了意大利和英国经济的"大分流"。

意大利是16、17世纪欧洲防控鼠疫斗争的样板，英国向意大利学习了不少具体政策举措，如40天隔离、死亡统计和疫情通报等。但由于国情不同，英国不可能也不应该完全照搬意大利经验。同意大利相比，英国的防疫斗争有自身特点。

首先，与政治上四分五裂的意大利不同，16、17世纪英国形成了统一的、中央集权的国家，有助于在一个大的领土国家范围内推行整齐划一的防疫政策。虽然英国的官僚制度不发达，没有形成常设的公共卫生机构，但英国政府充分利用"国王统治下的自治"传统，发挥中央和地方的积极性，弥补了管理制度方面的缺陷。中央负责顶层设计，推出了一系列防控鼠疫的议会法令、王室公告和枢密院条例，地方政府即郡治安法官和自治市市政官员负责落实。地方政府借助中央权威，将任务下达到堂区委员会，要求他们上报疫情，征收济疫税，并任命检疫员、看守和护士等工作人员。由于上级政府只是指导和监督，而不是直接介入防疫工作，从而避免了在意大利常见的公共卫生官员同地方政府、教会和普通民众之间的冲突。更为重要的是，"国王统治下的自治"有助于培养基层社区的治理能力。当1665—1666年伦敦大瘟疫的消息传到西南边陲小镇泰特伯里时，当地居民立即召开紧急会议，颁布决议，禁止任何外来人口和货物进入。会议还任命8名首户组成应急委员会，监督决议实施。由于英国基层社区治理能力强，16、17世纪英国鼠疫局限在少数几个大城市尤其是伦敦，很少渗透到广大乡村地区。意大利则相反，公共卫生署对广大乡村地区管控不力，乡村疫情与大城市一样严重，从而使得死亡人数倍增。

其次，英国防控鼠疫传播的主要方式是封户、封村乃至封城，很少建立传染病医院，将病人同健康人分隔开来。传染医病院耗资巨大，是当时英国经济能力承受不了的；而且对于一个人口众多的欧洲大国，有限的传染病医院也解决不了根本问题，因此英国的隔离措施也是不得已而为之。即使在威尼斯，当大瘟疫暴发时，新、老传染病医院都不敷使用。威尼斯编年史家罗科·贝内代蒂记载，1576—1577年疫情期间，威尼斯老传染病医院集中了7000—8000个病人，他们得不到有效的治疗，缺衣少食，不少人精神崩溃。在贝内代蒂看来，这里简直就像地狱一样。新传染病医院有10000人，许多人不得不在临时搭建的棚屋和紧急征集来的船只上栖身。英国的隔离措施简单粗暴但却有效。按照英国《防疫条例》和《防疫法》，染疫病人及其家人要封堵在家，必要时可采用暴力手段；与此同时，堂区要为染疫家庭提供生活必需品。该原则可以扩大到染疫的村和镇。1665年，一包从伦敦寄来的旧衣服引发了德比郡伊姆村的鼠疫。堂区长威廉·蒙佩森立即向德比郡伯爵报告，并表示为了防止鼠疫传播出去，他和当地村民愿意放弃逃生，只需要有人提供食物和其他生活必需品。伯爵表示他将尽全力帮助伊姆村村民，"只要他们使自己保持在指定的范围内"。伊姆村村民划定封锁线，将活动范围限制在村庄周围半英里内。在伯爵的亲自部署下，附近村庄每天派人将食物和其他生活用品送到封锁线指定地点。伊姆村为此付出了巨大的生命代价——350名村民中259人死于这场鼠疫，但该郡其他村庄和城镇无一染疫。伊姆人的壮举既是自我牺牲精神的表现，也是德比郡伯爵和周边居民外部压力的结果。

再次，16世纪宗教改革和反宗教改革对英国和意大利产生了不同影响。作为一个新教国家，英国坚持"因信称义"，反对罗马天主教的迷信和烦琐仪式，从而大大减少了宗教因素对防疫抗疫斗争的干扰。1578年枢密院颁布的《防疫条例》规定，疫情期间任何人不得发表干扰抗疫工作的言论，如认为抗疫是徒劳无益的，隔离措施有悖于基督教兄弟之爱，违者神职人员将被禁止布道，俗人则处以监禁。意大利是文艺复兴的发源地，但在16世纪却成为耶稣会士活动的中心，是罗马教廷反宗教改革运动的大本营，意大利在走向理性和世俗化的道路上的领先地位不再。1631年6月，负责阿尔诺河谷防疫事务的佛罗伦萨卫生总监得知被隔离的蒙特卢波村要举行祈求上帝宽恕的游行，并邀请附近社区参加，立即派人前去制止。但派去的人受到当地神父和村民的呵斥和威胁，被迫离开。次日，游行如期举行。男男女女、老老少少、本村人和外村人一起参加，最后在热烈的宴会和畅饮气氛中结束。此案充分揭示了反宗教改革运动之后意大利国家权力和天主教势力之间的复杂关系。此外，经过宗教改革，英国废除了中世纪教会的慈善救济，建立了以济贫税为基础的政府救助制度，大大提升了应对贫困和突发性灾难的能力。1578年《防疫条例》援引《济贫法》原则，规定疫情期间堂区委员会向所有有产者征税，用于抗疫和救济受疫情影响的穷人。意大利坚持罗马天主教个人自愿的原则，并将救助行为与灵魂拯救联系在一起。意大利的防疫抗疫经费主要来自慈善捐款，包括个人直接捐赠、兄弟会集体筹资、主教出卖赎罪券等多种形式。由于意大利慈善捐助更看重精神价值而不是实际效用，带有宗教仪式化倾向，加之来源多头，管理混乱，实际效果并不好。

综上所述，在与"黑死病"的反复斗争中，欧洲人逐渐走出了早期的恐慌和非理性反应状态，通过理性探索，并依靠集体和国家的力量，欧洲人最终战胜了"黑死病"。意大利和英国是欧洲抗疫斗争的典型代表。意大利不仅是抗疫斗争的先行者，而且创造出接近于完美的公共卫生体系。其中不少政策举措如隔离、疫情通报、健康通行证等至今仍在被使用。英国起步较晚，但由于所采取的政策举措符合英国国情，实际抗疫效果甚至超越了意大利。在笔者看来，意大利完美的制度并未达到人们预期的效果，既与制度本身有不切实际的因素有关，也与其他政治和文化因素的制约有关；英国没有形成常设的公共卫生机构，从制度建设层面来说缺陷明显，但其他有利因素如广泛的社会动员弥补了制度本身的不足。因此，完美的制度是否有效或在多大程度上有效需要放在特定的历史环境中，同其他因素结合起来考察。对于史学工作者来说，回到过去的历史场景，重视历史本身的复杂性，避免意识形态和过度的理论构建，才有可能接近历史真实，并对历史学的精髓有所感悟。

（原载《澎湃新闻》2020年6月19日）

文艺复兴时期佛罗伦萨的社会重构

在意大利文艺复兴研究史上，19世纪是布克哈特的世纪，20世纪是汉斯·巴隆的世纪，两人都高度重视意大利文艺复兴的历史意义。在他们看来，意大利文艺复兴是欧洲中世纪的终结，现代性世界的开端。但是，两人的观点有所不同。布克哈特认为，意大利文艺复兴的实质是个人主义的兴起，是"世界的发现和人的发现"。代表人物是那些极重荣名的文人，如但丁、彼特拉克和薄伽丘等。与此同时，这种不受约束的个人主义也给意大利带来了严重的道德问题。巴隆认为，布克哈特忽视了佛罗伦萨悠久的公社传统。1402年，在米兰公国的军事威胁之下，佛罗伦萨人文主义与公社传统相结合，发展出"公民人文主义"，即主张积极参与政治，维护国家独立和自由的现代意识形态。晚近学者詹姆斯·韩金斯认为"巴隆命题"是对布克哈特解释的补充，两者并不矛盾。在他看来，在一个利己主义盛行、政府的合法性缺失、罗马天主教遭遇危机的时代，以布鲁尼为代表的人文主义者呼吁献身精神、爱国主义和服务于公益，唤起了人们的公共责任感和社会良知。布克哈特看到了个人主义带来的种种病症，却没有看到它们的治疗过程。本文将跨出文化史和思想史的范围，从社会转型的视角，探讨个人主义兴起后的社会重构问题。

一

文艺复兴时期，即14世纪晚期到16世纪，是欧洲从封建主义向资本主义过渡的时期，该过渡是从意大利开始的。早在12、13世纪，意大利就是欧洲城市商品经济最发达的地区，其中佛罗伦萨是欧洲银行业的中心，也是高档毛呢的生产中心。它从法国香槟集市购买粗毛呢，运回本地进行精加工，再卖到利凡特和欧洲市场。佛罗伦萨编年史家乔瓦尼·维拉里记载，14世纪40年代佛罗伦萨约9万人，其中3万人从事毛纺生产。但是，受制于欧洲农本经济的大环境，意大利个人主义和资本主义并未获得长足发展。意大利城市的商品生产仍然是小商品生产，意大利商人从事的地中海贸易主要是满足欧洲封建贵族的需要。意大利城市社会是面对面的熟人社会，家族、同行和邻里束缚着个人。但是，到14、15世纪情况发生了变化。

我们可先大致了解中世纪佛罗伦萨的社团和团体。首先，家族。在佛罗伦萨早期历史上，有大量来自周围乡村的中小贵族。他们聚族而居，在城内修筑塔楼，相互械斗，严重干扰城市社会秩序。1293年佛罗伦萨颁布《正义法规》，禁止有恶名的贵族家族成员担任政府官职，并要求他们缴纳保证守法的押金，才将桀骜不驯的贵族制服。但是，贵族并未退出历史舞台，他们是"归尔夫派"的领袖和核心成员，代表着佛罗伦萨过去的政治传统。其次，行会。行会是在市民反抗贵族统治的斗争中形成的，以同行业为基础，争取自身权利。最早出现的是富有的或有地位的大行会，如呢绒制造商行会、钱币兑换商（早期银行家）行会、法官和公证人行会。到13世纪，佛罗伦萨共有21个行会，其中7个大行会、14个小行会。在市民获得城市自治之后，行会仍发挥重要作用。只有行会成员才有资格参政，政府官职按比例在大、小行会中划分。再次，邻里组织。佛罗伦萨有4个城区、16个行政区和为数更多的教会堂区。在市民反抗贵族统治的斗争中，最初的民兵以行会为单位组建，但由于行会成员大多居住分散，为了便于训练和迅速投入战斗，改由以居民区为单位，这是佛罗伦萨行政区的肇始。公社成立后，行政区成为政府的基层组织。执政团和立法会议的选举从这里开始，税收也以行政区为单位统一征收。军事、政治和税收方面的紧密联系，使行政区成为利害相关的邻里共同体。澳大利亚史学家F. W. 肯特说："属于城市某一特定地区赋予一个人身份，就如同其职业赋予他身份一样。"堂区原本是宗教性质的，同一堂区的信徒出席集体宗教仪式，去世后葬在共同的墓地。在此基础上，13、14世纪还发展出以平信徒为主的兄弟会，主要从事教友之间的慈善和互助活动。

14、15世纪欧洲自然灾害频繁发生，下层民众起义、封建战争连绵不断，史称"中世纪晚期的危机"。其中，1347—1351年暴发的"黑死病"影响最大。据佛罗伦萨编年史家马泰奥·维拉里记载，在1348年的"恐怖之夏"，佛罗伦萨失去了60%的人口。"黑死病"不仅导致大量人口死亡，还使既有社会组织解体或重要性下降，推动了佛罗伦萨个人主义的兴起。

首先，天灾人祸的影响。薄伽丘在《十日谈》中写道，"黑死病"暴发后，"城里的人们竟然你回避我，我躲避你，街坊邻居，各不相顾，亲戚朋友，断绝往来"。因为执法的官员和神父们都死了，"城里的法纪和圣规几乎荡然无存"，"每个人简直都可以为所欲为"。这一时期的战争和其他人为灾难也有类似影响。彼特拉克在给友人的信中写道，从圣城罗马到一向和平的威尼斯，从托斯卡纳、热那亚到遥远的高卢和不列颠，整个世界都处在内斗或外战之中。那么，生逢乱世的人该怎么办？在作者看来，唯有加固自身的灵魂。他说："不要不愿意独处，只要你与自我同在。如果失去自我，即使与人同在，实际上你也会孤独的。"

其次，大量移民涌入的冲击。佛罗伦萨是一个移民城市，但是当城市就业机会接近饱和时，旧移民对新移民采取了排斥态度。1348年"黑死病"暴发后，佛罗伦萨劳动力奇缺，但在小行会保护主义的压力之下，佛罗伦萨政府仍颁布了禁止郊区人口进城务工的法令。但是，该法令只在封建势力强大的近郊有一定的效果，对边远山区的人口毫无约束力。美国史学家萨缪尔·K.科恩认为，1348—1379年佛罗伦萨人口增长了40%，其中主要来自外来移民。大量移民涌入冲击了旧有的熟人社会，山区人口也将独立自主的精神带入城市。

移民的涌入，引起了旧移民尤其是归尔夫派的强烈反应。1378年，他们以清除残余的吉伯林派为由，"告诫"近百名市民不得担任市政官员，其中绝大多数是新移民。大行会中的新移民、小行会中的师傅和以梳毛工人为主体的雇佣工人一起，挫败了归尔夫派的企图，建立了平民政府。但是，当梳毛工人再次走向街头，要求保障就业、扩大在政府的代表名额时，遭到了平民政府的镇压。1382年，精英阶层（以银行家、大商人为主体）抓住平民政府受到归尔夫派和雇佣工人双重夹击的机会，以"全体人民"之名发动政变，掌握了政权。

再次，资本主义兴起带来的变化。"黑死病"改变了欧洲的消费结构，由于大量人口死亡，劳动力价格上升，普通人的消费需求增长；与此同时，由于封建主陷入"收入危机"，传统的精英消费需求下降。佛罗伦萨的支柱型产业，即再出口毛纺工业受到严重冲击。1378年的"梳毛工人起义"，就是在这种背景下发生的。为了适应新的经济环境，佛罗伦萨进行了经济结构调整：改从西班牙和意大利的阿布鲁佐进口羊毛，生产在奥斯曼帝国和欧洲市场畅销的中档毛呢；大力发展丝织工业，迎合欧洲宫廷和上层精英的新时尚；引入并发展新工业，如玻璃制造业、造纸业和印刷业等。

佛罗伦萨经济结构的调整伴随着资本主义生产关系的兴起。新毛呢采用外包制，即羊毛商人将纺织工作分发到郊区农民家庭去做，再将毛呢成品收集起来卖出去。以这种方式，他们避开了城市行会的限制，成为支配生产的商业资本家。丝织业由于兴起较晚，受行会束缚小，银行家和大商人更容易渗透。新兴工业大多是资本集约型行业，生产在大的手工工场进行，雇用了许多工人。

资本主义生产关系推动了佛罗伦萨个人主义的兴起。为了便于个人投资，析产制在佛罗伦萨发展起来，财产不再由家族共同所有或受家族控制。14世纪晚期佛罗伦萨出现了大量个人请愿，要求解除与家族的连带责任。美国史学家马文·B.贝克尔说："随着社团和团体连带责任的衰落，个人越来越需要为自己的行为负责——包括合法的和非法的。"此外，资本主义将人带入复杂的、充满竞争的经济世界，也导致人际关系疏离。佛罗伦萨羊毛商人乔瓦尼·莫雷利在回忆录中写道，"决不相信任何人；做事光明磊落，尽量与亲戚和朋友保持联系，而不要同陌生人纠缠到一起"，"尤其是——并将此牢记在心——决不为已经破产的人承担任何债务，不管他是你的亲戚还是朋友"。

二

事实上，在佛罗伦萨传统社会解体、个人主义兴起的同时，国家权力推动的社会重构已经开始。

1958年，意大利史学家费德里科·沙博发表论文《存在文艺复兴时期的国家吗？》，指出15、16世纪的意大利确实出现了国家，但不能将文艺复兴时期的国家等同于19、20世纪的现代国家，因为它们缺少现代国家的一些基本要素，如民族认同和边界。这种差异使得学术界对文艺复兴时期国家的称呼混乱，有人称之为"领土国家"，有人称之为"区域国家"，还有人称之为"领主国"。撇开上述概念之争，文艺复兴时期的意大利出现了不同于中世纪城市公社的新型国家却是不争的事实。它们是在14、15世纪意大利兼并战争中形成的，统治范围远远超出了过去的城市和郊区；按照马克斯·韦伯的说法，它们是最早借助任命的官员进行理性管理的政权，开现代性官僚制国家之先河。就本文而言，笔者主要关心佛罗伦萨国家在社会重构中的作用。

1382年上台的精英政府，面临内部分裂、外部强邻环伺的严峻形势。为了走出困境，他们力倡"共识"，主张将"公共利益"置于社团和团体利益之上。为此，他们采取了一系列重要举措：

首先，在扩大政治参与的同时，加强中央集权。精英政府取消了只有行会成员才有资格担任政府官员的规定，一方面削弱了行会的势力和影响；另一方面使有资格担任政府官员的人数大大增加。1382年被提名的候选人为5350人，1391年上升到6310人。家族背景也不再重要。1428年，布鲁尼在《南尼·斯特罗齐葬礼演说》中说："美德和廉洁是本城对市民的要求。任何人，只要具备这两种品质，就被认为天生拥有管理共和国的能力。"事实上，布鲁尼本人只是一个新移民，但却长期担任共和国国务秘书要职。他的前任科卢乔·萨卢塔蒂也是新移民。政治参与的扩大，有助于唤起佛罗伦萨人的公民意识和爱国主义情怀。

但是，由于精英对民众的不信任，以及复杂的政治事务需要专业化管理，佛罗伦萨的实际权力越来越多地向少数人集中。因此，有学者将1382—1434年精英的统治称为"寡头统治"或"显贵专权"。他们主要通过控制选举、任命"特别委员会"以及聘用专家进行管理这三种方式加强统治。

其次，加强法制建设，公平施政，提高政府的公信力。15世纪初，布鲁尼在《佛罗伦萨城市颂》中宣称，在政府有效的治理下，佛罗伦萨秩序井然。"这里没有人遭受伤害；没有人被迫让渡自己的财产，除非他本人愿意。"这与14世纪人文主义者、编年史家笔下的佛罗伦萨迥然不同。那么，佛罗伦萨是怎样实现由乱而治的？笔者认为，这与政府的三项政策有关：

一是从解决经济纠纷入手，诉诸法律，重建人与人之间的相互信任。1308年，佛罗伦萨成立商人法庭，用于处理各种商业纠纷，保护投资人利益。14世纪中后期，基于家族和熟人关系的信任下降，资本主义经济生长，商人法庭的重要性上升。1394年佛罗伦萨将商人法庭的权力写入宪法，使该法庭受到国家的支持和保护。二是加强司法管理，打击犯罪，维护公共秩序。佛罗伦萨的司法制度复杂，精英政府在不改变旧体制的前提下进行了有针对性的改革，包括扩大国家刑事法庭即督政官法庭的管辖权，逐渐将行会和邻里共同体法庭处理的案件收归中央；对针对人和财产的犯罪提起公诉，14世纪晚期佛罗伦萨法庭受理的公诉案件首次超过自诉案件；充实执法队伍，贝克尔估计14世纪后半期佛罗伦萨警察人数增加了一倍。政府的努力收效明显。莫雷利在15世纪初说："佛罗伦萨人过去用剑解决争端，现在则用豆子。"（豆子,佛罗伦萨选举时用的选票。)三是改革税收制度。佛罗伦萨政府的税收主要来自强制借贷,即摊派公债,通常由少数富人承担。对于富人来说,强制借贷与税无异,是对其财富的掠夺。因此,他们总是利用亲戚朋友关系,尽可能少交。但在其他社会阶层看来,富人可以通过公债利息积累财富,是少数人对多数人的剥削。为了缓解税收矛盾,并满足战争时期政府不断扩大的开支,佛罗伦萨进行了税制改革,其中最著名的是1427年推出的"财产申报税制"。新税仍属于强制借贷,但征收方法变化很大。它要求所有佛罗伦萨居民向政府提供详尽的财产和债务清单,在此基础上确定各自应缴税额,税率为扣除债务和减免后剩余资产的0.5%。新税制不仅解决了政府迫切需要的收入问题,而且由于相对公平,得到了社会各阶层普遍的认可。

再次,推行原重商主义政策,将行业保护转变为对整个国家经济利益的保护。传统观点认为,重商主义是16、17世纪西北欧早期民族国家推行的经济政策,是国家意志的体现。但贝克尔的研究表明,早在14世纪末,佛罗伦萨已经出现了"原重商主义"。如前所述,"黑死病"暴发之后,欧洲人口锐减,经济萧条。为了争夺有限的市场,欧洲城市和王朝国家纷纷采取排外经济政策,意大利在海外和欧洲大陆的利益受到重创。为了保护佛罗伦萨自身的毛纺工业,政府于1393年颁布法令,对进口的精制毛呢课以重税。与此同时,政府还颁布了禁止贵金属出口,禁止佛罗伦萨人为外国船只运来的商品投保等法令。原重商主义政策还表现为14世纪末15世纪初佛罗伦萨大规模地向外扩张。1406年和

1421年，佛罗伦萨先后吞并比萨和里窝那，从而使这个内陆国家有了可供支配的出海口。

巴隆和随后的"剑桥学派"政治思想史家如波考克认为，文艺复兴时期的佛罗伦萨开启了一个意识形态的新时代，即大西洋共和主义。但韩金斯认为，文艺复兴时期佛罗伦萨的政治思想是后意识形态的产物，人文主义者重视现实，不为抽象的政治理念所左右。以上分析表明，转型时期的佛罗伦萨面临人类历史上从未有过的复杂局面，没有任何现成的理论可以指点迷津。但是，以人文主义者为代表的佛罗伦萨人对人类智慧充满信心。通过倡导共识、改革税制、推行原重商主义等一系列措施，佛罗伦萨成功化解了因个人主义、利益多元化引发的社会危机，实现了个人和国家的双赢。尽管到15世纪末16世纪初，在外族入侵和商路转移的双重打击下，佛罗伦萨不再引领欧洲，但是，佛罗伦萨治国理政的经验值得后人学习和借鉴。

（原载《光明日报》2020年2月10日）

文化与心态

文化变革与西方资本主义的兴起
——读韦伯《新教伦理与资本主义精神》

20世纪初,德国著名社会学家马克斯·韦伯发表了《新教伦理与资本主义精神》(以下简称《新教伦理》)一书。他在书中提出西方经过宗教改革形成的新教,尤其是英国的清教,孕育了一种"资本主义精神",而这种精神对于近代资本主义的产生和发展起到了巨大的推动作用。在随后的一系列比较宗教研究中,他进一步提出因包括中国在内的东方世界缺少一种类似的资本主义精神,近代资本主义在这些地区迟迟不能产生。[1]近一个世纪以来,韦伯的这一学说不断地受到怀疑和批评。唯物主义者认为韦伯颠倒了物质和精神的关系。英国著名的费边主义史学家托尼指出,16、17世纪资本主义在荷兰和英国的发展是经济变革,尤其是地

---

[1] 马克斯·韦伯:《新教伦理与资本主义精神》,于晓、陈维纲等译,北京:生活·读书·新知三联书店,1987年;Max Weber, *The Religion of China*, Glencoe: Free Press, 1951; Max Weber, *The Religion of India*, Glencoe: Free Press, 1958。

理大发现影响的结果,而不是因为两国信奉加尔文教。[1]经验主义者则认为《新教伦理》是要"构建粗象的理念类型,而不是准确地描述事实"[2]。他们指出,从统计材料上看,天主教徒的职业抱负和成就并不像韦伯所说的那样低于新教徒,而且在某些加尔文教获得充分发展的国家和地区,如苏格兰和匈牙利,资本主义的产生和发展却十分缓慢。[3]尽管如此,这些并没有从根本上动摇该书的声誉。直到今日,韦伯的学说仍然是学术界探讨西方资本主义起源时不可绕过的界碑。那么,韦伯的学说为什么具有如此强大的生命力?我们能否根据今日史学研究的新成果,对韦伯的命题做出新的诠释?这些是本文试图探讨的问题。

一

韦伯的学说之所以很有影响,是因为它在分析西方资本主义的起源时,充分考虑了文化因素,或曰社会心态的作用。在某种程度上,它弥补了历史唯物主义在这一问题上的不足。

美国著名的社会学家塔尔科特·帕森斯认为,韦伯的《新教伦理》是专为反对马克思的历史唯物主义而作的,[4]这似乎有些夸

---

[1] Tawney, *Religion and the Rise of Capitalism*, pp. 312–313.

[2] H. M. Robertson, *Aspects of the Rise of Economic Individualism*, Cambridge: Cambridge University Press, p. 11.

[3] Murray N. Rothbard, *Economic Thought before Adam Smith*, Aldershot: Edward Elgar, 1995, pp. 140–143; D. P. 约翰逊:《社会学理论》,北京:国际文化出版公司,1988年,第305页。

[4] 转引自柴惠庭:《英国清教》,上海:上海社会科学院出版社,1994年,第229页。

大。因为他在论述这一问题时，并没有否认马克思所注重的经济和制度因素。在《世界经济通史》中分析资本主义产生的前提条件时，他列举了生产资料私有制、经济生活的商品化、自由市场以及为了生存而在市场上自由出卖劳动力的工人阶级存在等，[1]这同马克思在《资本论》中的论述几乎完全一致。即使在专论资本主义精神的《新教伦理》中，他也忘不了郑重申明"必须首先考虑经济状况，因为我们承认经济因素具有根本的重要性"[2]。尽管如此，韦伯同历史唯物主义之间的差异也是存在的。在马克思和恩格斯看来，历史发展归根到底是由经济生活中的必然因素决定的。经济是基础，思想文化属于上层建筑，后者是前者的反映。尽管他们承认经济因素和上层建筑的各种因素之间存在着交互作用，但后者对前者的作用只是"一定的"，"不是决定性的"。而且在上层建筑诸因素中，马克思、恩格斯注重的又主要是与阶级斗争密切相关的政治形式和法律制度等，作为传统存在于人们头脑中的思想文化处于相对次要的地位。[3]在马克思、恩格斯之后的"马克思主义学者"的论著中，思想文化因素则基本消失了。[4]

---

1 马克斯·维贝尔（韦伯）:《世界经济通史》，姚曾廙译，上海：上海译文出版社，1981年，第234—235页。

2 韦伯:《新教伦理与资本主义精神》，第15页。

3 《马克思恩格斯选集》第四卷，北京：人民出版社，1976年，第477—478页。

4 See R. H. Hilton ed., *The Transition from Feudalism to Capitalism*, London: NLB, 1976; Maurice Dobb, *Studies in the Development of Capitalism*, London: Routledge and Kegan Paul, 1963; Robert Brenner, "Agrarian Class Structure and Economic Development in Pre-Industrial Europe", *Past and Present*, No. 70(1976).

韦伯认为历史唯物主义低估了思想文化的地位和作用。在他看来，思想文化并不只是"经济状况的反映，或曰是其上层建筑"[1]。思想文化因素是自主的，它们能够以同等的重要性同经济因素发生交互影响。他认为资本主义之所以兴起于西方世界，除了那里具有历史唯物主义提到的物质因素之外，还有一种独特的、源于西方文化深处的精神动力在起作用。这就是"资本主义精神"，即合理地、系统地追求利润的态度。要是没有这样一种精神，资本主义在西方的兴起同样是不可能的。

韦伯认为资本主义产生和发展的主要障碍之一是被他称为"传统主义"的旧文化、旧习惯、旧的生活态度。在传统主义占上风的地方，雇佣劳动者和企业家缺乏专注和创新精神。在他们看来，一个人是为了生存才劳动和经营事业的，而不是相反。[2] 要打破这种障碍，仅有世俗的动机，如赚钱的欲望是不够的，还需要一种从个人幸福或功利的角度来看完全先验和绝对非理性的精神力量。只有这样的力量才能抑制人贪图享受的本能冲动，造就一种将劳动和事业当作目的本身的全新的工作态度。这是一场真正的革命，其意义比资本主义的物质前提，如资本原始积累更为重大。韦伯说："近代资本主义扩张的动力首先并不是用于资本主义活动的资本额的来源问题，更重要的是资本主义精神的发展问题。不管在什么地方，只要资本主义精神出现并表现出来，它就

---

[1] 韦伯：《新教伦理与资本主义精神》，第39页。

[2] 同上，第二章。

会创造出自己的资本和货币供给来作为达到自身目的的手段。"[1]

韦伯将西方打破传统主义障碍的精神动力归之于加尔文教的"天职观"。因为天职观念使劳动获得了新的含义:它是对上帝的责任,是一种绝对的自身目的。用韦伯自己的话说:"劳动是一种天职,是最善的,归根到底常常是获得恩宠确实性的唯一手段。"[2]于是,一种全力以赴的工作态度出现了,雇佣劳动者和企业家缺乏专注和创新精神的问题就这样因他们自身的心理转变而被克服了。与此同时,加尔文教徒还拒绝享受他们创造出来的财富。因为在他们看来,"人只是受托管理着上帝恩赐给他的财产,他必须像寓言中的仆人那样,对托付给他的每一个便士都有所交代"[3]。这样,当谋利活动与消费的限制结合在一起的时候,"一种不可避免的实际效果也就显而易见了:禁欲主义的节俭必然导致资本的积累"。因此,韦伯认为加尔文教对于西方资本主义精神的产生"发挥过巨大无比的杠杆作用"。[4]

二

在《新教伦理》中,韦伯最早探讨了我们今天称之为心态史或文化史方面的问题,其意义是不可低估的。但是由于时代的局

---

1 韦伯:《新教伦理与资本主义精神》,第49页。
2 同上,第140页。
3 同上,第133页。
4 同上,第135页。

限，韦伯探讨心态的方法是不太合适的。

所谓心态是指一定历史时期整个社会人人都有的心理、习惯和态度。有的史学家将心态称为"集体的无意识"，因为这些东西已被当时人视为理所当然，以至于很少或丝毫未被察觉。心态是人类历史发展过程中变化速度最为缓慢的层次，因此人们通常只有经过数十年甚至数百年的"长时段"观察才能发现并理解这方面的变化。但韦伯受当时只注重"短时段"事件史的学术传统的影响，将近代早期欧洲人在劳动态度、财富观念、时间概念等方面发生的重大变化统统归因于宗教改革所引起的突变，忽视了这些变化所经历的漫长过程。

从长时段的观点看，韦伯在《新教伦理》中强调的新精神并非加尔文教所独创，它是中世纪晚期以来西方思想文化长期演进的结果，宗教改革不过是加强了这一趋势。下面我们就以西方学者探讨较多的时间观念的变化问题做一具体说明。

合理的时间观念是韦伯"资本主义精神"的具体表现。韦伯对资本主义精神的分析是从引用美国名人本杰明·富兰克林的箴言开始的，其中第一段就是有关时间的："切记，时间就是金钱。假如一个人凭自己的劳动一天能挣十先令，那么，如果他这天外出或闲坐半天，即使这期间只花了六便士，也不能认为这就是他全部的耗费；他其实花掉了，或应说是白扔了另外五个先令。"韦伯认为"这些话所表现的正是典型的资本主义精神"。[1] 然后，

---

[1] 韦伯：《新教伦理与资本主义精神》，第33、35页。

韦伯追根溯源，将合理的时间观念的产生归因于宗教改革。在加尔文教徒看来，"圣徒的永恒安息是在彼岸世界，而在尘世生活里，人为了确保他蒙承神恩的殊遇，他必得'完成主所指派于他的工作，直至白昼隐退'。……这样，虚掷时光便成了万恶之首，而且在原则上乃是最不可饶恕的罪孽"[1]。事实上，合理的时间观念并非由于宗教的指令而一蹴而就的。

法国心态史大师勒高夫曾对中世纪晚期时间观念的变化做过杰出的分析。中世纪的时间是由教堂的钟声来划分的，白天每隔三小时为一段落，夜间分为三段：晚祷、午夜晨祷和晨曦初起的赞美诗。中世纪的时间原本是用来规定晨昏祈祷的，所以勒高夫将之称为"教会的时间"。教会的时间同占人口绝大多数的农民的时间并不完全吻合。农民的时间是按照白天、黑夜和季节划分的。日出而作，日落而息，是农民的生活规律。但由于教堂的钟声提供了当时唯一的计时方式，它为农民所接受并使农民的劳动日具有了某种规律性。这种状况在13、14世纪发生了变化。"随着城市运动的成功和由商人和与企业主构成的市民阶层（the bourgeoisie）的成长"，出现了对"更为精确地计算工作和商业活动的时间的需要"。[2]于是，一种独立于"教会的时间"的世俗工作时间，即"商人的时间"出现了。在机械钟问世之前，"商

---

[1] 韦伯：《新教伦理与资本主义精神》，第123页。
[2] Jacques Le Goff, *Medieval Civilization, 400-1500*, Oxford: Basil Blackwell, 1988, pp. 182-183.

的时间"仍然借助于教堂的钟声,但为了工作的需要,将午祷时间由现在的下午2点左右逐渐向前推移到现在的12点。于是,传统的"连续的工作日"便被划分为上午和下午两个部分。与此同时,"许多聪明才智之士都在时钟问题上苦思焦虑"。[1]他们改进了过去的水钟和计时沙漏,但结果都不甚理想。直到14世纪机械时钟的问世与推广,计时方式才发生了真正革命性的变化。"连续的工作日"被分割成细小的时间单位,与此同时,一种精确的、快节奏的生活方式最终形成了。

如果说中世纪晚期时间观念的变化还只是一个"无意识"的过程的话,那么到了15、16世纪合理地使用时间已成为世人的自觉意识。在增进西方人的时间观念方面,文艺复兴时期的人文主义者贡献尤著。意大利人文主义者阿尔伯蒂提醒人们"注视时间,根据时间安排……工作,然后顺序地去做,一个小时也不要浪费"[2]。北欧的基督教人文主义者则将合理地使用时间看作一种社会责任。因为他们认为一个理想的社会必须建立在人人为之奋斗的基础上,贪图享受,虚度光阴不仅仅是个人的道德过失,也是逃避社会责任。因此,维韦斯建议,强迫那些流连于赌场和酒店之间的纨绔子弟"像面对自己的父亲一样,向地方官员交代他们

---

1 卡洛·M. 奇波拉主编:《欧洲经济史》第一卷,徐璇译,吴良健校,北京:商务印书馆,1988年,第124—125页;J. 勒高夫、R. 夏蒂埃等主编:《新史学》,姚蒙编译,上海:上海译文出版社,1989年,第182—184页。
2 张椿年:《从信仰到理性——意大利人文主义研究》,杭州:浙江人民出版社,1993年,第112页。

是怎样打发时光的"[1]。理查德·怀特福德警告人们末日审判时每一个人都必须对他一生中度过的每一分钟做出合理的交代，因此，"要提防那些通常被称之为娱乐的消遣活动"[2]。加尔文教只是强化了这种责任意识。著名清教牧师威廉·珀金斯说那些无所事事，"将时间花费在吃、喝、睡觉和体育运动"方面的人，是不敬和违抗上帝的人。[3]尽管如此，加尔文教与基督教人文主义在对待时间和与此相关的劳动的态度方面并没有本质的不同。韦伯为了突出先验的宗教思想在理性的资本主义的产生过程中的决定作用，极力贬低世俗理性主义思潮的影响。他宣称同宗教改革相比，"文艺复兴对资本主义的所有贡献都微不足道了"，因为它"没有能像宗教改革那样，变更了人类的精神"。[4]韦伯的论断似乎过于武断。[5]

三

韦伯不仅将新教伦理从西方思想文化的整体发展过程中孤

1　Margo Todd, *Christian Humanism and Puritan Social Order*, Cambridge: Cambridge University Press, 1987, p. 125.
2　Ibid., p. 125.
3　Hill, *Society and Puritanism in Pre-Revolutionary England*, p. 113.
4　郑乐平编译：《经济·社会·宗教——马克斯·韦伯文选》，上海：上海社会科学院出版社，1997年，第132—133页。
5　托德在《基督教人文主义与清教社会秩序》的近作中，有力地证明了韦伯所强调的新教伦理中的诸种合理性因素事实上是从基督教人文主义那里继承过来的。尤见第一章、第七章。

立出来，还将宗教改革与欧洲同时代的其他社会经济变化割裂开来，这些使得他的论述同当代的心态史或文化史研究区别更大。

西方的文化史专家指出，1500—1650年间的欧洲经历了一场长时间、大规模的"习俗改革"运动（The Reformation of Manners）。由于改革的意义重大，有的学者干脆称它为"文化革命"（The Cultural Revolution）。[1] 改革几乎涉及当时人们日常生活的所有重要方面，如减少宗教节日及其庆典活动，禁止赌博打牌，提倡简朴衣着，反对大吃大喝、酗酒并减少啤酒馆、餐馆的数目，打击流浪汉、无所事事的懒汉并设立强行改造他们的"劳教所"，打击明娼暗妓，严肃性道德，等等。英国的清教徒进一步提出取消体育活动，关闭戏院，禁止一切与人的感官享受有关的东西。文化史专家伯克认为这场习俗改革就是要提倡"一种正派、勤劳、严肃、朴实、守纪律、有远见、理智、自制、冷静和节俭"的伦理。它宣称这种伦理可以用韦伯所说的"入世禁欲主义"来概括，但反对将它称为"新教伦理"。[2]

伯克反对的理由是这种伦理"既可以在当时新教的伦敦、阿姆斯特丹和日内瓦见到，也可以在天主教的斯特拉斯堡、慕尼黑和米兰发现"[3]。实际上，习俗改革是新兴的文化精英发起的改造传

---

[1] Peter Burke, *Popular Culture in Early Modern Europe*, Aldershot: Scholar Press, 1994; Tim Harris ed., *Popular Culture in England, c.1500-1850*, London: Macmillan, 1995, Chapter 1; Patrick Collinson, *The Birthpangs of Protestant England*, Basingstoke: Macmillan, 1988, Chapter 4.

[2] Burke, *Popular Culture in Early Modern Europe*, p. 213.

[3] Ibid.

统文化的运动。这是一场跨越宗教界线的运动，参与者中既有人文主义者，又有受过人文主义教育和影响的新教改革家和天主教改革家。用伯克的话说，习俗改革是"一些受过教育的人为了改变人口中其他成员的生活态度和价值观念所做的系统努力"[1]。习俗改革运动应归因于文艺复兴时期理性主义思潮的影响，除此之外，它还与这一时期印刷术的推广、识字率的提高、教育的普及有关。[2]

但是，习俗改革还不只是一场简单的文化运动，在它背后隐含着深刻的社会经济根源。16、17世纪是欧洲从封建主义向资本主义过渡的重要时期。农奴制在经历了14、15世纪的"封建主义危机"之后瓦解了，农民获得了人身自由，但同时也失去了在庄园法庭和农村公社保护下对土地的稳固占有权。市场经济在摆脱了封建制度的束缚之后迅速发展起来，地理大发现引起的"价格革命"进一步加速了这一过程。随着农奴制的瓦解和市场经济的发展，资本原始积累开始了，阶级分化出现了。15世纪末16世纪初英国领主掀起了第一次"圈地狂潮"。16、17世纪农民中的贫富分化加剧。1524年，埃塞克斯郡特林村雇农和茅屋农所占人口比例只有27.6%，1671年上升到50.8%。[3]贫富分化和资本原始积

---

1 Burke, *Popular Culture in Early Modern Europe*, p. 207.
2 据统计，1660年左右英国4400人中就有一所文法学院，2.5%的成年男子受过高等教育。Keith Thomas, *Religion and Decline of Magic*, London: Penguin, 1991, p. 4.
3 J. A. Sharpe, *Early Modern England: A Social History, 1550−1760*, London: Hodder Education, 1987, pp. 91−92.

累严重威胁到传统的、建立在自然经济基础上的人与人之间的关系。一位名叫乔治·吉福德的清教牧师于1598年写道：埃塞克斯人祖祖辈辈都"生活在友情之中"，他们常常在一起"寻欢作乐"，但"现在已经没有了友爱，或者说睦邻……每一个人都只为他自己，所有人都想卡住他人的脖子"。[1]

然而，当经济个人主义在欧洲破土而出的时候，欧洲的思想界却出现了传统道德强化的趋势。这一趋势的出现同样与文艺复兴有关，因为它复兴了希腊人的美德观念。希腊人认为人是政治的动物，个人的幸福同城邦的公共福利息息相关。因此，他们特别注重公益。据当时人记载，"他们殚精竭虑，用尽个人力量为城邦服务"。雅典民主派领袖伯里克利称那些不关心公共事业的人为废物。[2]随着古典作品和人文主义的传播，16世纪初在英语中出现了一个很有影响力的新词汇："commonwealth"。这个词最初的含义是"公共利益"（the common good），后来人们用它来表示由全体国民构成的政治共同体，或国家。按照"commonwealth"的观点，个人应服从公众和国家的整体利益，为了个人私利损害公益的行为是贪婪，是最大的罪孽。著名的公益党人、大法官约翰·黑尔斯在给陪审团的训示中呼吁要"排除沾染在许多人身上的自爱心理，去掉控制了许多人灵魂的对财富贪得无厌的欲望……我们必须明白并牢记我们所有人，无论是穷人还是富人，

---

[1] William Hunt, *The Puritan Moment*, Cambridge, Mass: Harvard University Press, 1983, p. 130.
[2] 基托：《希腊人》，徐卫翔、黄韬译，上海：上海人民出版社，1998年，第151—152页。

高贵者还是卑贱者，乡绅还是农夫，或其他无论什么样的人，都不过是救世主基督神秘身体中的一部分以及王国有机体中的一部分"[1]。

公益思想并不是空洞的说教，它要求人们，尤其是富人，承担起帮助共同体中贫困者的责任。公益思想影响了不少人。著名史学家特雷弗-罗珀将16、17世纪称为伟大的"集体主义"和"慈善捐赠"[2]的时代。W. K. 乔丹以翔实的调查资料表明这一时期英国的慈善捐款"狂泻而出"，达到了历史上前所未有的高峰。[3] 公益思想还具体化在政府的社会政策中。从16世纪上半叶开始，英国政府就开始颁布济贫法令，这些法令经修改、补充后，最后以1598年和1601年颁布的《济贫法》确定下来。根据上述法令，每个教区任命2—4名"贫民监护人"，他们负责救济失去劳动能力的老弱病残者；给有劳动能力的贫民安置工作；安排和资助贫困家庭的孩子当学徒。所有费用均来自向本教区居民征收的济贫税。

于是，16、17世纪的英国出现了一种奇特的现象：一方面是经济个人主义的兴起，另一方面是传统道德的强化。两者的冲突是不可避免的。这种冲突常常内化在富人和处于上升状态的自耕农和独立工匠的心理中，一方面他们不得不履行传统道德赋予他

---

[1] Mary Dewar, "The Authorship of 'Discourse of the Commonweal'", *Economic History Review*, Vol. 19, No. 2(1966), p. 395.

[2] W. K. Jordan, *Philanthropy in England 1480–1660*, London: Routledge, 1959, p. 238.

[3] Ibid., Chapter 6 and Chapter 7.

们的社会责任，另一方面又因履行这些责任所造成的利益损失而不平。这种矛盾心理使他们产生出对社会依附阶层，尤其是需要帮助的穷人的潜意识或有意识的仇恨情绪。[1]他们将贫穷归因于穷人本身的懒惰、不知节俭和缺乏远见。他们主张改造穷人，去掉他们身上的不良生活习惯。因此，习俗改革不仅仅是文化精英对大众文化的改造，也是社会精英对普通民众的改造。

斯塔福德是一个清教影响甚微的郡，但该郡的习俗改革同样如火如荼。无论是在惩治流浪汉、管制啤酒店、严肃性道德，还是在整肃赌博打牌、大吃大喝的生活习惯方面，斯塔福德郡都一点不亚于那些清教影响很大的郡。[2]保留在该郡档案馆的大量反映当时民情民意的各类请愿书、陈情书表明，民众对习俗改革的支持主要是出于经济方面的考虑。例如，1613年鲁奇利的三位居民要求治安法官将该堂区的啤酒馆数目减少一半，理由是："本堂区按周领取救济金的穷人已有120余人，远远超过了本堂区所能供养的"，但由于"过多的啤酒店作祟，穷人的数目还在大量增加"，因为啤酒馆诱使当地居民"将他们整个的时间和产业花费在酗酒上，一旦陷入贫困，男人沦落为贼，他们的妻儿则被迫乞讨"。[3]这说明习俗改革与富裕村民的切身利益有关。

---

1 人类学家艾伦·麦克法伦在分析这一时期发生在埃塞克斯郡的迫害女巫的现象时揭示了这种心理。参见Alan Macfarlane, *Witchcraft in Tudor and Stuart England: A Regional and Comparative Study*, London: Routledge and Kegan Paul, 1970。
2 Rond Xiang, *The Staffordshire Justices and Their Sessions, 1603-1642*.
3 Staffordshire Record Office: Q/SR/126, No. 33.

除此之外，政治也是一个不可忽视的因素。16、17世纪是欧洲民族国家兴起的重要时期，新兴民族国家的君主为了富国强兵，在经济上推行了一套被称之为"重商主义"的政策。按照重商主义的观点，一个国家的繁荣程度是依据该国所拥有的贵金属的数量而定的。一个国家占有的金银越多，这个国家就越是富有和强大。因此，一个国家在国际贸易中应当尽量多卖，同时尽量少买，以便取得一种有利的贸易差额，使其他国家不得不用金钱偿付它们的逆差。为了使国家有尽可能多的货物销向国外，政府鼓励发展国内生产。政府发展国内生产的措施是多方面的，其中重要的一条就是使国民养成勤劳、节俭的良好风气。英国著名的重商主义者托马斯·孟在《英国得自对外贸易的财富》一书中明确地表述了这样的观点，他呼吁"改正我们的懒惰恶习"，并严厉谴责当时存在的奢侈习惯。他说："我们在吸烟、喝酒、宴乐、奇装异服，把我们的时间滥用在偷安和享乐（这是天道和其他国家的习俗所不容许的）方面的普遍的堕落，已经使……我们的财富贫乏，使我们的勇气低落，使我们的事业遭到不幸，并且使我们为敌人所轻视。"[1] 都铎、斯图亚特王朝颁布了一系列旨在改变国民生活习性的法令，其中最著名的是《惩治流浪汉、游民和身强力壮的懒丐法》。根据这些法令，那些身强体壮、拒绝劳动的流浪汉将受到鞭笞、刺字甚至处死的惩罚。中央政府要求各郡设立

---

[1] 托马斯·孟：《英国得自对外贸易的财富》，袁南宇译，北京：商务印书馆，1965年，第84、73页。

"劳教所",以便收容并强制性改造这些人。后来政府的打击范围扩大到定居的懒汉身上。1633年斯塔福德郡的治安法官根据巡回法官的意见,要求各地举报30岁以下、没有正当职业但又拒绝受雇工作的人。这些被举报的人同流浪汉一样被送进了"劳教所"。[1]可见,韦伯所说的"资本主义精神"是由英国社会转型时期的多方面压力促成的,不能简单地归因于加尔文教的影响。

综上所述,韦伯在《新教伦理》中赋予文化和精神因素的重要性要比历史唯物主义大得多。在韦伯看来,资本主义的产生和发展不仅仅是生产力发展和生产关系变革的问题,它也牵涉到文化和大众心态的转变问题。没有人的现代化,即思想观念的理性化,就不可能有包括资本主义在内的整个人类社会经济生活的现代化。在这里韦伯十分鲜明地提出了人的教育和改造问题,而这一点正是马克思、恩格斯之后那些只注重阶级斗争和制度变革的"历史唯物主义者"所忽视的。但是韦伯在论述过程中为了突出精神的独立性和重要性,过分强调加尔文教神学中的先验成分,忽视并贬低世俗理性主义和社会经济因素的影响,似乎又滑到了德国学者"唯意志论"的老传统。尽管如此,韦伯提出的问题仍然是值得重视的。中国从来没有经历过欧洲历史上那样长时间、大规模的习俗改革运动,因此直至今日依赖思想、享乐主义、投机心理仍严重存在,日常生活中赌博打牌、大吃大喝、比阔斗富

---

[1] Staffordshire Record Office: QS/O, IV, p. 95; Thomas G. Barnes ed., *Somerset Assize Orders, 1629–1640*, Somerset Record Society, 1959, p. 66.

的不良现象比比皆是。这种传统主义的文化严重阻碍着中国的现代化进程。因此,读一读韦伯的《新教伦理》可以使我们对改造传统文化的必要性有一个清醒的认识。

(原载《世界历史》2000年第3期)

啤酒馆问题与近代早期英国文化和价值观念的冲突

在16、17世纪英国的历史文献中,不难发现当时人们对啤酒馆的忧心忡忡。1624年1月,柴郡首席治安法官理查德·格罗夫纳在给季审法院陪审团的指示中说,啤酒馆是"本国十足的祸根;(它们是)流氓、妓女的集聚地,抢劫犯的谋划室,乞丐的温床,醉鬼的学园,盗贼的藏身处",他提醒这些担任陪审员的乡村上层人士:"在这里你们将丧失子女对你们的服从,仆人对你们的恭顺。"[1] 1616年6月20日,詹姆士一世在星室法庭的著名演说中抱怨该国"啤酒馆泛滥",它们是"堕落的流浪汉、无业游民和身强力壮的懒汉的出没之处和栖身之地",他要求"关闭所有有恶名的

---

[1] Richard Cust ed., *The Papers of Sir Richard Grovenor*, Record Society of Lancashire and Cheshire, 1996, pp. 13–14.

啤酒馆"。[1] 啤酒馆为什么会引起那时人们如此强烈的反应？这一问题已经引起英国社会史学家的关注。彼得·克拉克认为啤酒馆是"穷人为穷人开的"，是社会下层人聚集的场所，它们往往同酗酒、犯罪和不道德行为相联系，因此被那时的人们看成是社会下层人颠覆现存社会秩序的指挥中心。[2] 基思·赖特森认为，啤酒馆问题是由多种因素引起的，包括当时人对社会秩序的担心，对穷人态度的变化，以及新教对酗酒和与罗马天主教有关的传统社交活动的敌视等。[3] 克拉克和赖特森的解释无疑是有说服力的，但是，他们的研究侧重于社会分析，对于围绕啤酒馆问题展开的文化和价值观念方面的对立和冲突，论述得还不够充分，因此，还有进一步探讨的必要。

一

根据当时人的观察，16、17世纪英国啤酒馆的数目增长很快。1618年伦敦地方官员抱怨道："本城每天都有许多啤酒馆和饮食店新冒出来。"[4] 1628年伦敦人理查德·罗利奇说五六十年以前，该城

---

1 Sommerville ed., *King James VI and I: Political Writings*, pp. 224-225.
2 Peter Clark, "The Alehouse and the Alternative Society", in Donald Pennington and Keith Thomas eds., *Puritans and Revolutionaries*, Oxford: Clarendon Press, 1978, pp. 47-72.
3 Keith Wrightson, "Alehouses, Order and Reformation in Rural England, 1590-1660", in Eileen Yeo and Stephen Yeo eds., *Popular Culture and Class Conflict 1590-1914*, Brighton: Harvester, 1981, pp. 1-27.
4 Quoted in Clark, "The Alehouse and the Alternative Society", p. 50.

"啤酒馆很少……［但］现在每一条街都是"[1]。1652年埃塞克斯郡的公诉陪审团（the presentment jury）声称："至于啤酒馆，我们多数人既不知道它们的名字，也不知道它们的数量，因为它们太多太多。"[2] 这些并非夸大之词。1577年英国对全国的客栈（inn）、酒店（tavern）和啤酒馆（alehouse）进行统一登记时，斯塔福德郡的啤酒馆仅105个，但到1605年从季审法院取得执照的啤酒馆就达736个，1618年上升到869个，1629年921个，1640年1090个。[3] 此外，还有许多未获得执照的非法经营的地下啤酒馆。如果我们以1665年英国征收"炉税"时的人口统计为基数，平均下来斯塔福德郡每16—17户中就有一户是持照经营啤酒馆的。[4] 在有些地方这一比例更高。据1647年兰开夏郡南部30个村庄的统计，该地区平均每12户就有一家是开啤酒馆的。[5]

16、17世纪英国的啤酒馆为什么会以如此迅猛的速度增长？这首先与啤酒制作技术的改进有关。中世纪英国的啤酒不加酒花，由发酵的麦芽、水和香料制作而成，这种酒被称为"麦芽酒"（ale），啤酒花于16世纪初引进英国，诗曰：

啤酒花、宗教改革、鲤鱼和啤酒，

1　Peter Clark, *The English Alehouse: A Social History, 1200－1830*, London and New York: Longman, 1983, p. 39.

2　Wrightson, "Alehouses, Order and Reformation in Rural England, 1590－1660", p. 5.

3　Xiang, *The Staffordshire Justices and Their Sessions, 1603－1642*, p. 153.

4　Ibid., p. 176.

5　Wrightson, "Alehouses, Order and Reformation in Rural England, 1590－1660", p. 4.

同一年抵达英格兰。[1]

加了啤酒花的酒带有啤酒的苦味和酒花香味，颜色清亮，不容易变质，很受消费者欢迎。这种酒被称为"beer"，是近现代意义上的啤酒。啤酒花还可以使麦芽的出酒率大大提高，一位生活在斯图亚特王朝早期的作者称1蒲式耳麦芽只能产8加仑麦芽酒，但可产18加仑啤酒。结果使得啤酒的价格大大下跌，啤酒成为普通人包括雇佣工人都享受得起的大众消费品。[2]

但在经济史学家看来，啤酒馆的迅速增长同当时经济变革的关系更为密切。[3]16、17世纪是英国从传统农本经济向近代资本主义经济过渡的重要时期，自给自足的农民家庭经济、庄园经济，以及由集镇和周围乡村组成的狭隘的地方经济已经瓦解，以伦敦为中心的统一的国内市场初步形成。商品流通需要啤酒馆，因为它们为过往商贩、赶车人和干渴的牲畜提供了休憩之地。1623年斯塔福德郡申斯顿的居民请求批准该堂区的托马斯·斯坦利新开一家啤酒馆，因为他的住所紧靠"从纽波特、斯塔福德通往考文垂的公路"，该公路"是从柴郡到伦敦的一条运输量极大的道

---

[1] R. F. Bretherton, "Country Inns and Alehouses", in Reginald Lennard ed., *Englishmen at Rest and Play*, Oxford: Clarendon, 1931, pp. 168−169.

[2] Clark, *The English Alehouse: A Social History, 1200−1830*, p. 97.

[3] Alan Everitt, "The English Urban Inn, 1560−1760", in Alan Everitt, *Landscape and Community in England*, London: Hambledon Press, 1985, pp. 155−206; Joan Thirsk, "Horn and Thorn in Staffordshire: The Economy of a Pastoral County", *North Staffordshire Journal of Field Studies*, Vol. 9(1966), pp. 10−11.

路,尤其是对于运货马车、大车、载客马车和(被驱赶的)畜群而言",因此,"在这里或附近为过往者开一个酒馆非常必要"。[1]琼·瑟斯克总结说:"啤酒馆数目增加是这一时期国内贸易规模扩大的标志。"[2]

以克拉克和赖特森为代表的社会史学家将啤酒馆的迅速增长与当时的社会分化和贫困问题联系起来。[3]尽管作为个人嗜好,进出啤酒馆的不会仅仅限于穷人,事实上赖特森本人也注意到,在埃塞克斯郡特林村和其他地方,有乡绅和约曼农上啤酒馆和喝醉酒的现象,[4]但从总体上说,啤酒馆对穷人更有吸引力却是可信的。因为穷人在经济生活上比其他社会阶层更难做到自给自足,啤酒馆为他们提供了饮料,还有方便食物。17世纪30年代来自约克郡的报道说,该郡织工"饮用从啤酒馆老板那里买来的啤酒,几乎无一人自己酿造"[5]。啤酒还有麻醉功效,可以使穷人忘记饥饿和烦恼。一位当时人说:啤酒"抚慰沉重和烦躁的心;它能使寡妇破涕为笑,忘却失去丈夫的悲伤……它使饥者饱,寒者暖"[6]。

斯塔福德郡贫困程度与啤酒馆增长速度之间的分区比较可以证明这一点(见表6)。斯塔福德郡有5个百户区,其中皮尔希尔

---

[1] Staffordshire Record Office: Q/SR/170, Nos. 45-46.

[2] Thirsk, "Horn and Thorn in Staffordshire: The Economy of a Pastoral County", p. 11.

[3] Clark, "The Alehouse and the Alternative Society"; Wrightson, "Alehouses, Order and Reformation in Rural England, 1590-1660".

[4] Wrightson, "Alehouses, Order and Reformation in Rural England, 1590-1660", p. 7.

[5] Clark, "The Alehouse and the Alternative Society", p. 52.

[6] Keith Thomas, *Religion and the Decline of Magic*, London: Penguin Books, 1982, p. 23.

位于农业发达、交通便利的特伦特河流域，居民比较富裕。1665年该百户区因贫困免交"炉税"的家庭只占总人口的29.6%，啤酒馆在这里的增长速度也很慢，1605—1640年只上升了15.1%。托特蒙斯洛全区都是高沼地，经济生活以畜牧为主，这里约曼农和小农居多，雇佣劳动者少。1665年免交"炉税"的贫困家庭只有29.4%，1605—1640年该百户区啤酒馆增长了18.8%。卡特勒斯顿是山地和丘陵地区，比较贫困，尤其是东南的坎诺克蔡斯区，1665年免交"炉税"的家庭有33.2%，这里啤酒馆增长速度较快，1605—1640年上升了50%。塞斯登和奥弗洛的部分地区位于"黑乡"，"黑乡"因产煤得名，是当时英国主要的工业区之一。这两个百户区雇佣劳动者多，贫穷问题严重，啤酒馆的增长速度也很快。奥弗洛贫困家庭的比例为32.5%，啤酒馆增长了64.4%；塞斯登贫困家庭比例为40.7%，啤酒馆上升了148.7%。这说明贫困是推动啤酒馆迅速增长的重要因素。

表6 斯塔福德郡贫困程度和啤酒馆增长速度之间的分区比较[1]

（不包括自治市镇）

百户区	皮尔希尔	托特蒙斯洛	卡特勒斯顿	奥弗洛	塞斯登
1665年免交"炉税"家庭的百分比	29.6%	29.4%	33.2%	32.5%	40.7%
1605—1640年啤酒馆增长的百分比	15.1%	18.8%	50%	64.4%	148.7%

---

1 Xiang, *The Staffordshire Justices and Their Sessions, 1603–1642*, p. 155.

啤酒馆的迅速增长还与宗教改革后教会组织或参与的民间娱乐活动减少有关。在被称为"快乐的英格兰"的中世纪，宗教节日很多，其中被教会定为假日的"圣徒节"就有95个。在这些节假日中人们通常要举行庆祝活动，饮酒是必不可少的。教会还有专门的"麦芽酒节"，在此期间教会通过出售麦芽酒筹集用于济贫和其他善事的资金。一位17世纪的威尔特郡人回忆道："在我祖父的时候没有济贫税；但圣灵降临周的教会麦芽酒为金斯顿·圣迈克尔（不小的堂区）解决了这一问题。"他还说每个堂区都有教会提供的活动场所，"家庭主妇在这里聚会作乐和行善事。年轻人也在那里跳舞，玩草地滚木球戏，射草垛，等等，老年人默默地坐在一旁观看"。[1]

宗教改革后，教会不再参与民间娱乐活动，教会麦芽酒节也被明文禁止。1572年约克大主教在给教牧人员的训谕中说："你们不得在寓所或住地经营或允许经营啤酒馆或酒店，你们也不得出售麦芽酒、啤酒和葡萄酒。"[2] 在某种程度上，啤酒馆填补了教会离去留下的真空：它们为普通人提供了饮酒的去处，还为他们创造了新的社交和娱乐场所。

二

通过以上分析，我们可以看出16、17世纪英国的啤酒馆有着

---

[1] John Brand, *Observations on Popular Antiquities*, London: Chatto and Windus, 1913, p. 159.

[2] Frederick W. Hackwood, *Inns, Ales and Drinking Customs of Old England*, London: Bracken Books, 1985, p. 57.

多方面功能，其数量迅速增长似乎是不可避免的。但是，为什么那时人们对这一现象惴惴不安？毫无疑问，这与统治者对社会秩序的担心有关。的确，啤酒馆是当时英国社会的不安定因素之一。斯塔福德郡季审法院的资料表明，打架斗殴是啤酒馆里经常发生的事情。1615年斯塔福德郡季审法院的书记员威廉·艾尔芒格报告治安法官，一个名叫约翰·查尔斯的无照经营者在地处偏僻的简陋小屋里卖上了啤酒，那里常有斗殴发生，其中3人因斗殴致重伤。[1]在"黑乡"城市沃尔索尔，10多名顾客酗酒闹事，最后发展到100多人在大街上大打出手。[2]啤酒馆还是流浪汉、盗贼和其他不法分子藏身的地方。阿尔明顿的居民状告克雷斯韦尔姐弟"开了一个啤酒馆，主要在夜间卖酒给流氓无赖和盗贼，治安法官在那里一晚上就抓了12或14个"[3]。

但是，正如克拉克认识到的，啤酒馆对英国社会秩序造成的实际威胁是有限的，[4]仅此一点似乎不足以引起当时社会对这一问题那样广泛的关注。那么，是哪些因素加深了人们的忧虑？为此，我们需要将啤酒馆问题放到更为广阔的文化和社会背景中去考察。

宗教改革运动引起的文化冲突是我们理解啤酒馆问题的重要路径之一。基督教不仅仅是一种信仰，它还为信徒提供了一套涉

---

[1] Staffordshire Record Office: Q/SR/134, No. 30.
[2] Staffordshire Record Office: Q/SR/116, No. 98 and No. 106.
[3] Staffordshire Record Office: Q/SR/100, Nos. 22—23.
[4] Clark, "The Alehouse and the Alternative Society", pp. 64—72.

及日常生活方方面面的行为规范。而且,虔诚的信仰往往是通过符合教规的行为表现出来的。但是,基督教的行为规范是理想标准的,在实际生活中人们很难真正做到,这使得许多虔诚的基督徒因达不到上帝的要求而处于焦虑和恐惧之中。为了缓解信徒内心的压力,罗马天主教发明了告解仪式和赎罪券。就释放信徒内心的焦虑和恐惧情绪而言,罗马天主教无疑是成功的,但它却使得基督教对人们日常生活行为的约束力大大下降。[1]到宗教改革前夕,放纵和不道德行为已司空见惯。从这种意义上看,宗教改革是对罗马天主教放松倾向的反动。[2]宗教改革时期的欧洲出现了习俗改革运动,内容涉及人们生活的方方面面,如禁止赌博打牌,反对大吃大喝、酗酒,强制性改造流浪汉和无所事事的懒汉,打击明娼暗妓、加强性道德等,目的就是要强化基督教对人们日常生活行为的控制。早在17世纪末,英国的丹尼尔·笛福就指出了宗教改革与习俗改革运动之间的联系,他说:"习俗的改革有点像是宗教改革的自然结果:因为,既然新教的教义不承认罗马教皇有权假借免罪符来让人赎回千百种作为轻罪看待的罪过,不承认神甫为了免得麻烦上帝,可以不等到这些罪过上达天主就把它们一笔勾销,普通的恶行便失去了它们的合法保障,人们也便不能

---

[1] 关于中世纪基督教面临的这种矛盾,可参见George Caspar Homans, *English Villagers of the Thirteenth Century*, New York: Russell and Russell, 1960, pp. 395–401。

[2] 马克斯·韦伯对此有过精辟的论述,参见韦伯:《新教伦理与资本主义精神》,第24—25页。

用从前那种低廉的代价来胡作非为。"[1]

啤酒馆是习俗改革针对的主要目标之一。

首先,啤酒馆是酗酒的场所,而酗酒是《圣经》明文禁止的。清教作家菲利普·斯塔布斯在《论醉酒》时说:"这是一种可怕的恶习,[它]在英格兰泛滥成灾。"他接着说:"每一个地区、城市、市镇、村庄和其他地点都充斥着啤酒馆、酒店和客栈,无论黑夜和白天,里面都酒徒爆满,场景令人愕然。"[2]

清教徒认为在一切违反神意和教规的罪孽中,酗酒最令人不齿。埃塞克斯郡南肖贝里的清教牧师阿瑟·登特说:"它是最肮脏的事情;它使人成为野兽;它使人心远离一切善,以《何西阿书》4:11为明证:'奸淫、酒和新酒,夺去人的心。'"[3]一旦失去理性、圣灵和恩典的指引,空有躯壳的人还会犯下种种其他罪孽。伊普斯威奇的清教牧师塞缪尔·沃德说,"简言之,酗酒和圣灵是对立的:前者将后者从人心中排挤出去,就如同烟雾将蜜蜂从蜂箱中赶出一样,使人成为十足的奴隶,沦为撒旦及其圈套下的牺牲品",被撒旦用来播撒罪孽和恶行。因此,醉酒"不是一种罪孽,而是所有罪孽,因为它是其他各种罪孽的入口处和排放闸"。[4]清教神学家威廉·埃姆斯以较为平实的语言表达了相同的

---

[1] 《笛福文选》,徐式谷译,北京:商务印书馆,1997年,第42—43页。

[2] Philip Stubbs, *Anatomy of the Abuses in England*, II, London: Kraus Reprint Ltd., 1877−1879, p. 107.

[3] Arthur Dent, *The Plain Man's Pathway to Heaven*, Pittsburgh: Soli Deo Gloria Publications, 1994, p. 131.

[4] Samuel Ward, *Sermons and Treatises*, Edinburgh: The Banner of Truth Trust, 1996, p. 152.

见解，他说："很显然，与其说酗酒是违背任何一条上帝的戒律，不如说它是对整个律法的全面破坏。"[1]

因此，酗酒是上帝最不能容忍的。沃德说："对于上帝，醉酒之罪是如此可恶，以至于他使自己成为法官、审判长和行刑人，降灾杀死这些罪人……既不留给他们时间，也不告诉他们理由，更不会因为忏悔，哪怕是'主啊，对我们发发慈悲吧'的呼叫而赦免他们。"[2] 他列举了大量遭天罚的例证，如伊普斯威奇两个斗酒的仆人仰天跌入一口滚烫的大锅，一人当即死亡，一人在经历了一段痛苦折磨后死去；伊普斯威奇附近凯斯格雷夫的一家啤酒馆的主妇想强留三位仆人酗酒，但当她端着酒罐走向他们时，突然失语发晕，舌头肿大，三天后死去。[3] 天罚不仅针对犯罪的个人，也针对罪人所在的社区，甚至整个国家。1627年索尔兹伯里发生瘟疫，具有清教倾向的议会议员、该城治安法官亨利·舍菲尔德呼吁立即进行"一场改革，一场真正、真实的改革"，将酗酒和诅咒发誓根除，"因为上帝之怒已经指向了我们"。[4] 1629年埃塞克斯郡的一位治安法官将英国当年的饥荒归因于酗酒，他在信中写道："因此，我今天在一个小镇上主持了对四个醉鬼、四个酗酒者和两个啤酒馆老板的惩罚。我希望其他地方也采用同样的做法，

---

[1] William Ames, *Conscience with the Power and Cases Thereof* (1639), Amsterdam: Theatrum Orbis Terrarum, Ltd., 1975, p. 79.

[2] Ward, *Sermons and Treatises*, p. 153.

[3] Ibid.

[4] John Morrill, Paul Slack and Daniel Woolf eds., *Public Duty and Private Conscience in Seventeenth-Century England*, Oxford: Clarendon Press, 1993, p. 167.

这样我们将少有醉鬼，少有天罚。"[1]

其次，新教徒对随啤酒馆复活的民间"睦邻文化"（the culture of neighbourliness）心存忧虑。"睦邻"是中世纪同一村庄的居民、同一行会的成员或同一堂区的教民之间习惯形成的友好互助关系，它通常以集体活动的方式，如节日庆典表现出来。睦邻文化受到了罗马天主教的鼓励。中世纪的神学家将"charity"，即"基督的爱"，上升到前所未有的高度，称它是"信仰的结晶"，没有它信仰是不完善的。在理论上，"基督的爱"包括三重：基督徒与上帝之间的爱，基督徒的灵魂与肉体之间的爱，以及邻里之间的爱。但由于前两重爱过于抽象，难以为普通信徒所理解，因此在中世纪，"基督的爱"被简化为邻里之爱。天主教会为邻里聚会提供了机会——频繁的宗教节日，并提供了活动中心——教堂。在宗教节日和礼拜日举行的弥撒中还发展出"和睦之吻"（the kiss of peace）仪式，即参加弥撒的男人与男人之间、女人与女人之间相互亲吻，以示友好、爱和合为一体。[2] 但是，新教徒强调《圣经》的重要性超过宗教仪式，信仰超过"基督的爱"，对睦邻文化产生了巨大冲击。[3] 象征和解、爱以及基督教社区同一性

---

1 John Walter and Keith Wrightson, "Dearth and Social Order in Early Modern England", *Past and Present*, 71(1976), p. 29.

2 Miri Rubin, *Charity and Community in Medieval Cambridge*, Cambridge: Cambridge University Press, 1987, pp. 58−59; John Bossy, "The Mass as a Social Institution 1200−1700", *Past and Present*, 100(1983), pp. 29−61; Susan Brigden, "Religion and Social Obligation in Early Sixteenth-Century London", *Past and Present*, 103(1984), pp. 67−112.

3 John Bossy, *Christianity in the West 1400−1700*, Oxford: Oxford University Press, 1985, pp. 140−142.

的天主教弥撒尤其受到批评，英国早期宗教改革家托马斯·贝肯说：弥撒只是制造了"敌对而不是友好，不和而不是和谐，恶意而不是善意。……没有任何爱的迹象，没有任何基督徒的痕迹，甚至没有像异教徒那样的仁爱，没有表现出任何人间友谊"[1]。

在失去教会的支持和保护之后，"睦邻"活动逐渐转移到啤酒馆。17世纪英国的民俗学家约翰·奥布里在约克郡北部的一个村庄注意到"该堂区居民习惯于在领受圣餐后从教堂直接去啤酒馆，他们在那里一起饮酒，以示教友之爱和朋友之情"[2]。公共娱乐活动，如跳舞、射箭、踢足球等也改在啤酒馆进行。值得注意的是，啤酒馆的特殊环境使得室内娱乐活动发展起来，尤其是赌博打牌。按照1605年斯塔福德郡塞斯登百户区基层治安官的汇报，啤酒馆里赌博很普遍。塞奇利堂区的9个啤酒馆中，8个允许顾客以牌赌酒；恩菲尔德堂区的11个啤酒馆个个让顾客赌钱；肯法里的6个啤酒馆都允许顾客"玩非法游戏"（指当时政府明令禁止的赌博打牌——笔者注），"尤其是雷文希尔家中骚乱异常，因为这里多次赌钱和差不多每天赌酒"。[3]

啤酒馆的"睦邻"活动是纯世俗的，已与罗马天主教的教义和仪式无关，但这些活动的集体主义性质仍让带有宗教个人主义

---

1 Brigden, "Religion and Social Obligation in Early Sixteenth-Century London", p. 111.

2 J. A. Sharpe, *Early Modern England: A Social History 1550—1750*, London: Edward Arnold, 1987, p. 283.

3 S. A. H. Burne ed., *The Staffordshire Quarter Sessions Rolls*, Vol. 5, The Staffordshire Record Society, 1940, pp. 228—230.

倾向的新教徒感到不安。虽然他们并不反对人与人之间的友谊和爱，但更强调它的精神价值，而非社会性。从清教牧师乔治·吉福德的《基督教若干问题简论》中我们可以看到这种态度，书中代表普通信徒看法的阿瑟奥斯对其所在堂区的牧师大加赞扬，说他"是一个非常好的人"，如果他不赞同某些人，"他就试着同他们交朋友。同他们玩一两局木球或纸牌，和在啤酒馆一起饮酒。我认为这是增进基督的爱的圣洁方式"。他还反问代表清教徒观点的泽洛特："难道你不赞成友谊？好人在一起饮酒作乐有什么不合法吗？"但泽洛特回答道："我不是不赞同真正的友谊，真正的友谊是在上帝的，由真正的虔诚结成的。但我厌恶现在到处泛滥的恶习：醉鬼聚集一起，豪饮不止，本应指责他们的牧师却成为他们中的领头人之一。"[1]

登特在《常人登天堂之路》中表达了相同的态度。书中的挑刺人安蒂莱贡对代表清教徒观点的神学家说："我看邻居们时常在啤酒馆聚一聚，玩玩牌赌赌酒，不会有什么害处。我认为这是友谊，是增进邻里之爱的一种好方式，并不像你认为的那样十恶不赦。"神学家从三个层面进行了反驳。首先，酗酒是违反神意的，因为"使徒说得明白：'醉酒的不能承受神的国。'"其次，泡啤酒馆会使男人忘记家庭责任。"在穷人忽视自己的天职，懒惰、放纵地生活的同时，他们可怜的妻小却待在家中哭喊着要面包。她们快要饿死，要乞讨，要偷盗。我请你问问自己的良心，

---

[1] George Gifforde, *A Briefe Discourse of Certain Pointes of the Religion*, London, 1583, pp. 2–3.

这里究竟有什么友谊可言?"最后,好酒会使人贫困。当安蒂莱贡追问道:"那么你是谴责一切友谊?"神学家回答:"不,完全不是,我赞同圣洁的和基督徒的友谊,承认这是我们在人世间拥有的主要慰藉之一,我知道我们受[神]命令要喜爱兄弟般的[邻里]情谊,但是对于你们的酒友,我恨,我厌恶,因为[《圣经》上]写着:'跟随懒人的,必饱受贫困',而且,'与好筵者为伴的,羞辱其父'。"[1]

虽然吉福德和登特都宣称他们不反对邻里友谊,只是反对他们在啤酒馆活动的方式,但实际上他们是要将"基督的爱"非人格化。近代早期随着市场经济和资本主义的兴起,中世纪的地方性社区开始被市民社会所取代,与这一转变相适应,中世纪狭隘的邻里之爱逐步发展成抽象的爱、普遍的爱。博西认为到16世纪20年代"基督的爱"的物质方面——熟人之间面对面的施舍已让位于非人格化的慈善。[2]吉福德和登特的论述反映了这种时代发展趋势。

三

新教徒对啤酒馆的担心和抨击在新兴的"中等阶层"(the middling sort)中引起了共鸣。"中等阶层"是在中世纪等级制度

---

[1] Dent, *The Plain Man's Pathway to Heaven*, pp. 134−136.

[2] Bossy, *Christianity in the West 1400−1700*, pp. 144−146.

瓦解之后从平民中分化出来的富裕社会阶层，包括城市市民和农村的约曼农。他们是近代中产阶级的前身。"中等阶层"是在市场经济环境中产生的，他们勤劳节俭，精于计算，办事井井有条。16世纪末，一位名叫罗伯特·弗斯的约曼农在日记中回忆弗斯家是怎样通过数代人的努力，从一个规模不大的农户上升为大土地所有者的。当他谈到他的父亲约翰·弗斯时，他说："这个约翰年轻时好玩，所有兴趣都放在打猎、掷骰子、玩纸牌和其他娱乐活动上，特别是射击和打网球。由于他太放纵，使得他的父亲很不看好他。"但是在他父亲去世后，"他变成一个非常明智的人，有节制、郁郁寡欢、庄重……他总是将房屋、犁、牲畜、耕地和家禽养护得好好的"。[1] 从弗斯的描述中我们可以看到一种与中世纪"快乐的英格兰"完全不同的生活态度。

弗斯的回忆录并没有直接涉及酗酒，但从其他资料中我们可以看出"中等阶层"的立场。1596年威尔特郡斯沃洛菲尔德"为首的居民"（chief inhabitants）制定了管理该堂区的26个条款。按照史蒂夫·欣德尔的分析，这些"为首的居民"是介于乡绅和贫民之间的中间阶层，是当时英国地方社会的显要。[2] 沃洛菲尔德条款是研究英国基层政权和"中等阶层"社会心态的珍贵资料。第

---

[1] H. J. Carpenter, "Furse of Moreshead", in *Report and Transactions of Devonshire Association for the Advancement of Science, Literature and Art*, Vol. 26, Plymouth: William Brendon and Son, 1894, pp. 168–184.

[2] Steve Hindle, "Hierarchy and Community in the Elizabethan Parish", *The Historical Journal*, Vol. 42, No. 3(1999), pp. 835–851.

23条款规定:"那些曾经受过警告仍被发现喝醉酒并不听劝阻的人,每犯一次,富人将被罚款,那些贫困的和没有[经济]能力的人则戴枷受刑,直到他或她清醒并为醉酒羞愧为止。"[1]从赖特森对埃塞克斯郡季审法院卷宗的分析中亦可看出"中等阶层"的态度。1600—1650年间该卷宗中共有24份针对啤酒馆的诉状,在诉状上签名或画十字的共270人。在这270人中已知牧师14人,他们是新教道德的倡导者;另外70人留有遗嘱,根据对遗嘱的研究,他们绝大多数是约曼农和比较富裕的农夫,少部分是地位相近的小乡绅和手艺人。而且270个起诉人中,不会签名而以画十字代替的只占20%,远低于当时整个埃塞克斯郡的文盲率,这也说明他们的社会地位偏高。[2]因此,我们有足够理由相信"中等阶层"是敌视啤酒馆的。

赖特森认为清教对乡绅和"中等阶层"有着特别的吸引力,[3]但宗教改革史专家,如A. G. 迪肯斯、帕特里克·科林森则强调清教是"顽固不化的宗教现象",与世俗进步无关。[4]的确,从以上分析中我们可以看出清教牧师和"中等阶层"谴责啤酒馆的出发点是不同的,前者是宗教和文化层面的冲突,后者是世俗生活态度的冲突。但两者也并非截然分开的。事实上那些温和的、比较

---

1 Hindle, "Hierarchy and Community in the Elizabethan Parish", p. 851.

2 在当时的埃塞克斯郡,男人的文盲率为64%。Wrightson, "Alehouses, Order and Reformation in Rural England, 1590-1660", p. 19.

3 Keith Wrightson, *English Society 1580-1680*, London: Hutchinson, 1982, pp. 212-215.

4 Patrick Collinson, *English Puritanism*, London: The Historical Association, 1983, pp. 5-6.

关注实际的清教神学家，如威廉·珀金斯、威廉·埃姆斯和理查德·巴克斯特就较多地从世俗的角度讨论酗酒问题。[1] 巴克斯特尤为突出。由于出身于约曼农家庭，并且写作的高峰期是在清教狂热开始减退的时候，他著作中世俗的考虑更多。他指出酗酒的原因是多方面的：贪食贪饮，缺乏理智和自制力；心地不正，"好与坏人为伴，喜欢听他们下流、无聊、愚蠢的谈话，同他们赌博、竞技消磨时光"；懒惰，不能持久地专注于自己所从事的职业；缺乏家庭责任感，"妻子、儿女和仆人的陪伴不能带给他们乐趣，他们必须到啤酒馆和酒店寻找更合适的伙伴"；处事能力差，当遇到很坏和很不幸的事情，"他们几乎不敢独自面对，也不能冷静地思考自己所处的环境"时，他们"只有逃避自我，找一个地方躲避自己的良心"，等等。[2] 在以上分析过程中，巴克斯特已将"中等阶层"的价值观念和生活态度表露无遗。

除此之外，英国乡绅和"中等阶层"对啤酒馆的担心还有自身经济利益的考虑。首先，酗酒导致贫困，会加重他们的济贫负担。在16世纪，中世纪的慈善捐助逐步被制度化的济贫所取代，根据1598年和1601年的《济贫法》，每个堂区要任命两名以上济贫官员，他们负责赡养失去劳动能力的老弱病残者；提供原材料，如亚麻、大麻、羊毛等，安置有劳动能力但没有谋生手段的穷人

---

[1] Thomas F. Merrill ed., *William Perkins 1558-1602*, Nieuwkoop, 1966, pp. 200-207; Ames, *Conscience with the Power and Cases Thereof*, pp. 78-81; Richard Baxter, *A Christian Directory*, Morgan: Soli Deo Gloria Publications, second printing 2000, pp. 318-330.

[2] Baxter, *A Christian Directory*, pp. 320-321.

工作；资助贫苦家庭的孩子当学徒。所有费用均向当地居民和土地所有者征收，数额多少视需要而定。[1]《济贫法》的实施使救助的人数和救助的标准都有提高。按照克里斯托弗·戴尔的估计，中世纪晚期伍斯特市各种慈善机构总共只能救济120个人，占总人口的3%，[2] 但在伊丽莎白和早期斯图亚特时代，英国城市人口中接受政府救济的通常为5%，但在经济困难时期比例会更高。[3] 事实上，济贫税已成为当时英国人最沉重的税收负担。

乡绅和"中等阶层"是济贫税的主要承担者，因此他们对于所在堂区的穷人人数的增加尤其敏感。从斯塔福德郡季审法院的诉状中我们可以看出他们的担心。1613年鲁奇利的三位居民要求治安法官将该堂区的啤酒馆数目减少一半，理由是："本堂区按周领取救济金的穷人已有120余人，远远超过了本堂区所能供养的"，但由于"过多的啤酒店作祟，穷人的数目还在大量增加"，因为啤酒馆诱使当地居民"将他们整个的时间和产业花费在酗酒上，一旦陷入贫困，男人沦落为贼，他们的妻儿则被迫乞讨"。[4]

其次，他们要将中世纪安逸自在的农民改造成适应市场经济和资本主义发展需要的勤劳、清醒、守纪律的新型劳动者。从柴

---

1 A. Luders, Sir T. Edlyn Tomlins, et al. eds., *The Statutes of the Realm*, Vol. 4, London, 1819, pp. 896-899, 962-965.

2 Christopher Dyer, *Standards of Living in the Later Middle Ages*, Cambridge: Cambridge University Press, 1989, pp. 252-253.

3 Paul Slack, *Poverty and Policy in Tudor and Stuart England*, London: Macmillan, 1988, pp. 74-75.

4 Staffordshire Record Office: Q/SR/126, No. 33.

郡首席治安法官格罗夫纳给该郡陪审团的指示中我们可以清楚地看到这种企图。格罗夫纳的指示是为了引导陪审团,以便他们在啤酒馆等问题上支持政府而做的。因此他列举的理由都是经过斟酌的,以便在这些由"中等阶层"组成的陪审团中引起共鸣。格罗夫纳认为一个好的仆人应具备四种基本"道德品质",但啤酒可以将它们逐一摧毁。在这四项"道德品质"中,一是"心里忠"(Faithfulness in the heart)。但他认为:"当一个人控制不了自己的感觉的时候,他怎么能够忠实地执行他主人的指挥?……我们可以通过观察发现这些人鱼(即喜欢泡在酒水中的人)通常理解迟缓,感情麻木。那么,我们怎么能够相信这种人?"二是"口风紧"(Silence in the tongue)。能为主人保守秘密。但是,"一个醉人在醉态中会忘乎所以地说出那些在他清醒时将守口如瓶的东西"。三是"手脚快"(Speed in the feet)。"醉鬼不可能产生速度,但速度对于我们的经营又是如何需要!"四是"面容和悦"(Cheerfulness in the countenance)。他认为"在所有人中醉鬼干工作时最少热情,不满的标记刻印在其脑门"。[1] 格罗夫纳所说的四项基本"道德品质"正是资本主义对雇佣劳动者所普遍要求的。

从以上分析可以看出,啤酒馆成为16、17世纪英国社会普遍关注的问题无疑与统治阶级对社会秩序的担心有关。但是,宗教改革运动引起的基督教禁欲主义同传统习俗的冲突,新教个人主义同睦邻文化的冲突,使啤酒馆问题变得更加突出。此外,在啤

---

[1] Cust ed., *The Papers of Sir Richard Grovenor*, pp. 14-15.

酒馆问题上还存在着"中等阶层"所代表的新的价值观念和生活态度同传统农业社会的价值观念和生活态度的对立。啤酒馆问题折射出英国从传统向近代过渡时期思想文化方面的变化。

(原载《世界历史》2005年第5期)

清教论家庭教育

　　清教的家庭教育思想是清教留给后人的又一份珍贵遗产。但是，由于时代变迁所造成的心理隔膜，当代学者难以准确地理解和评价它。劳伦斯·斯通认为由于加尔文教强调儿童的原罪以及父母的惩治责任，这一时期英国父母对子女的态度变得冷漠和苛刻。[1] D. J. G.庞兹重复斯通的观点，认为"原罪论"改变了英国父母以往对待子女相对宽容的态度，并宣称"他们（指新教徒，尤指清教徒——笔者注）虐待青少年的遗产一直残留到本世纪"[2]。但英国著名清教史专家帕特里克·科林森不同意这种看法。他注意到清教说教与英国父母，包括清教父母对待子女实际态度之间存

1　Lawrence Stone, *The Family, Sex and Marriage in England 1500–1800*, London: Penguin Books, reprinted in 1990, pp. 125–126.
2　D. J. G. Pounds, *The Culture of the English People*, Cambridge: Cambridge University Press, 1994, p. 339.

在很大区别,因此他认为清教并不像斯通所说的那样缺乏对子女的爱,而是爱得太深,唯恐宠坏了自己的子女,才不得不对自己过于炽烈的情感有所抑制。[1] 与庞兹的观点相反,拉尔夫·A.霍尔布鲁克认为中世纪强调原罪和父母的惩治责任,但由于人文主义的影响,这一思想在16、17世纪英国作家,包括清教作家的著述中已经有所缓和。[2] 以上分歧表明对于清教的家庭教育思想还存在着再认识的必要。因此,本文将根据清教所处的特定历史环境对他们的家庭教育思想做一个历史的而非形而上学的分析,力图以理解而非事后评论的态度打开这份尘封已久的历史遗产。

一

清教出现在16、17世纪,这是英国从封建主义向资本主义过渡的重要时期。随着资本主义的兴起,建立在农本经济基础上的"面对面"的社区组织,如庄园、农村公社和行会瓦解了,代之而起的是个人主义和民族国家。这一转变对于英国的家庭生活产生了重要影响。首先,随着家庭从庄园、农村公社和行会束缚中摆脱出来,家庭的独立性大大增强。与此同时,个人的感情世界也从社区回归到家庭,导致亲情升温。霍尔布鲁克和基思·赖特森在各自的著作中列举了不少反映这一时期父母关爱子女的生

---

[1] Patrick Collinson, *The Birth-pangs of Protestant England*, London: Macmillan Press, 1988, pp. 78−81.

[2] Ralph A. Houlbrooke, *The English Family 1450−1700*, London: Longman, 1984, pp. 141−143.

动事例。[1] 即使在那些最能克制情感的清教徒的日记中，我们仍然感觉得到家庭的温馨。伦敦的清教工匠内赫米亚·沃林顿在日记中记下了他的女儿伊丽莎白从生病到去世的每一个细节。其中写道："晚上当我们上床之后，她对我说：'父亲，明天我出去给你买一个李子排。'"这句话深深地刺痛了他，因为"这是我听到的我心爱的孩子说的最后的话"。伊丽莎白的去世使沃林顿几乎因悲痛过度而失去对上帝的信仰，因此当他的妻子以孩子摆脱了尘世的烦恼，正在安享天国的幸福为由安慰他时，他愤怒地反问道："难道你就不为失去这个孩子悲伤吗？"他的妻兄在信中称他是"一位溺爱的父亲和细心的丈夫"。[2] 沃林顿的日记的确给人留下了这样的印象。

家庭独立性的增长在神学家们的著述中也有反映。中世纪的基督教强调社会公义和爱邻人，家庭利益由于有悖于上述目标而时常受到猜疑和压抑。从英国早期宗教改革家的著述中我们仍然可以看到中世纪的痕迹。伍斯特主教休奇·拉蒂默在布道中强烈谴责那些只顾为自己的子女积攒财富，而忽视上帝要扶助的人的人。他警告："上帝的诅咒悬挂在你们头上"，因为"基督说过，'爱父亲、母亲或子女胜过爱我的人，不配做我的门徒'"。[3] 清教

---

[1] Houlbrooke, *The English Family 1450—1700*, pp. 142—145; Wrightson, *English Society 1580—1680*, pp. 108—118.

[2] Paul S. Seaver, *Wallington's World*, London: Methuen & Co., 1985, pp. 87—88, 75.

[3] David C. Douglas, *English Historical Documents*, Vol. 5: *1485—1558*, London and New York: Routledge, Reissued in 1996, p. 340.

徒不反对爱邻人，但他们更强调家庭责任。17世纪著名清教神学家理查德·巴克斯特在论及"天职"（calling），即上帝赋予人的世俗责任时，将家庭放在特别重要的位置。他说："你不要假借行虔诚之事或大的善事而忽视对妻儿的必要供养，因为上帝已经给你规定了责任的顺序：从家庭开始（虽然不限于此）。"[1] 清教徒尤其反对中世纪遗留下来的"面对面的睦邻文化"（the face-to-face culture of neighbourliness），在这种文化传统中，同一堂区的居民常常聚集在一起举行集体性宗教仪式，并寻欢作乐，以此显示"基督的爱"（charity），即通过爱邻人表达对上帝的爱。男人们聚饮于啤酒馆是当时睦邻文化的主要表现形式。针对当时人将这种活动视为"友好"，"一种增进邻人之间友爱的好方式"的说法，清教牧师阿瑟·登特反驳道："这里没有真正的友好，只有不虔诚。因为在穷人忽视自己的天职，懒惰、放荡地生活的同时，他们可怜的妻小却待在家中哭喊着要面包。他们快要饿死，要乞讨，要偷盗。我请你问问自己的良心，这里究竟有什么友谊可言？"[2] 在这里家庭利益成为破除睦邻文化的理由和根据。科林森认为宗教改革的主要后果之一是唤起了"家庭的自我意识"，这一评价似乎一点不为过。[3]

但在另一方面，在家庭从庄园、农村公社和行会束缚中摆脱出来的同时，它所承担的社会责任也大大增加。中世纪人与人

---

[1] Baxter, *A Christian Directory*, p. 114.

[2] Dent, *The Plain Man's Pathway to Heaven*, pp. 134-135.

[3] Collinson, *The Birth-pangs of Protestant England*, p. 63.

之间的依赖关系是社会生产不发达的产物，这些关系起着分担风险，为当时人提供最低生活保障的作用。庄园法庭以及农村公社和行会的民约乡规提供了低成本，但足以调解当时人的矛盾和冲突的便利机制。随着庄园制度、农村公社和行会的瓦解，这些职能一方面转移到新兴的民族国家，另一方面转移到家庭身上。

但是，中世纪的社会保障和社会控制机制向近代的转换并不是一蹴而就的。而且随着市场经济和资本主义的发展，一系列新的社会问题出现了，如贫困、失业、犯罪率上升等，使得16、17世纪的英国面临严重的秩序危机。对此，史学家已多有论述。[1] 在困扰当时人的诸多问题中，不良青少年和他们的犯罪问题又特别突出。在1595—1609年间诺里奇市政府抓捕的"无业游民"（vagrants）中，72%是21岁以下的青少年，其中52%在16岁以下。他们以乞讨为生，并参与犯罪，尤其是行窃。其中不少人屡教不改。比如一个名叫乔安尼·威廷格的少女屡屡出现在市政府的法庭记录中。1630年3月她因为犯重罪被判烙刑，并被命令返回汉沃思原主人身边。但她并未离开诺里奇。同年8月她被从该市感化院（bridewell）释放，因为她"现在想去荷兰"。这当然只是她的借口。同年9月她因与另一无业游民丹尼斯·鲍威尔合伙作案被判在集市上当众受鞭打，并再度被命令返回汉沃思。9月底至1632年7月她又数次在该市被抓获并被投入感化院。1632年12月她因偷

---

[1] See Wrightson, *English Society 1580—1680*, Chapter 6: Order; Anthony Fletcher and John Stevenson eds., *Order and Disorder in Early Modern England*, Cambridge: Cambridge University Press, 1985, Chapter 1: Introduction.

盗被鞭打。1634年5月因怀上私生子再一次被送进感化院……类似的事例还很多。不良青少年已成为诺里奇市政府最棘手的问题。[1]

都铎、斯图亚特王朝试图通过自上而下的改革来解决当时的社会问题。1598年议会通过了《济贫法》和《惩治流浪汉、游民和身强力壮的懒丐法》。两项法令是互为补充的,它们在救济失去劳动能力的穷人的同时,严厉打击无业游民和身强力壮的乞丐,强迫他们自食其力。在《济贫法》中政府已经表现出对青少年问题的关注,法令规定由堂区济贫官员出资,订立契约使穷人子女做学徒。随着时间的推移,政府逐渐将法令实施的重点转移到使穷人子女做学徒方面。在1631年1月发布的《条例集》中,枢密院要求"每个堂区的穷人子女都应被安排在农业和其他手工行业中做学徒,并根据法律从该堂区集资,用以安置他们"[2]。在《条例集》的推动下,英国各地出现了强制性学徒的高潮。据对不完全资料的统计,仅埃塞克斯郡在30年代就安排了6000多名穷人的孩子做学徒。[3] 政府安排强制性学徒的目的是双重的,一是临时性救济,使他们在学徒期间得到基本的生活保障;二是长远的考虑,使他们学得一技之长,长大后成为对社会有用的人,不至于

---

1 Paul Griffiths, "Masterless Young People in Norwich, 1560-1645", in Paul Griffiths, Adam Fox and Steve Hindle eds., *The Experience of Authority in Early Modern England*, London: Macmillan Press, 1996, pp. 157, 161-164.

2 *Order and directions, together with a commission for the better administration of justice, and [for inquiry]how, the statues tending to relief of the poor, the training of youth in trades, and reformation of disorders and disordered persons, are executed*, London, 1630, direction 3.

3 Anthony Fletcher, *Reform in the Provinces*, New Haven: Yale University Press, 1986, p. 216.

沦落为无业游民、乞丐和犯罪分子。

但是，要在转型时期赋予个体的家庭意识以特殊的社会责任却十分困难。事实上，由于相当多的家庭缺乏这种意识，又由于中世纪社区组织对家庭的管束作用大大减弱，家庭已经成为滋生社会不安定因素的温床。有的家长缺乏家庭责任感，忽视对子女的赡养，时常将家庭负担转嫁给社会；有的家长过分溺爱子女，忽视对子女必要的教育（包括职业教育），使他们长大后无法适应一个竞争性的社会；还有的纵容和包庇自己的子女，使他们走向不良和犯罪的道路。比如为了安置寡妇穆尔的女儿，诺里奇市长法庭为她找到一份工作，但穆尔唆使她不理市长法庭的决议，从而使安置计划破产。[1] 可以说，16、17世纪严重的青少年问题在很大程度上是由家庭原因造成的。因此，如何在唤起"家庭的自我意识"的同时，唤起它们的责任意识，已经成为一个不容忽视的问题。

二

以往史学家习惯于将清教和政府对立起来，但这种认识并不全面。事实上，清教徒和政府一样关心当时的社会秩序。他们还赞成政府的某些自上而下的改革措施。16世纪英国著名的清教神学家威廉·珀金斯在《惩治流浪汉、游民和身强力壮的懒丐法》

---

[1] Griffiths, "Masterless Young People in Norwich, 1560-1645", p. 164.

颁布后不久说:"上届议会制定的制止乞丐和流浪汉法令是一项极好的法令,事实上它完全是上帝之法,是永远也不会被废止的。"[1]但是,他们认为仅有政府的法律是不够的,因为法律只能治标,不能治本。在他们看来,治本在于改造人。而且法律适用的范围是有限的,比如,尽管不良的家庭是孕育社会不安定因素的温床,但法律却对此无能为力,因为家庭毕竟是一般法律所不及的私人领域。因此他们主张由里而外、自下而上的道德改革。16世纪的清教牧师理查德·格里纳姆在"论正确教育子女"的布道中说:"毫无疑问,如果人们首先认真改造自身,然后改造自己的家庭,他们将看到上帝赐洪福于本国教会和国家。"[2]巴克斯特说:"如果人不善,如果改革不是从家庭开始,任何好的法律和命令都不能改变我们。"[3]他还说:"许多人呼吁教会改革和政府改革,然而他们本身就是当今的祸根:他们不愿改革小小的家庭。如果人们愿意改革自己的家庭,同意对他们的子女进行圣洁的教育,那么一旦教会和国家由这样一些革新的家庭组成的话,教会和国家将随即得到革新。"[4]由此可见,在清教的社会改革方案中,家庭教育是

---

[1] Ian Breward ed., *The Work of William Perkins*, Appleford: The Sutton Courtenay Press, 1970, p. 456.

[2] Kenneth L. Parker and Eric J. Carlson, *'Practical Divinity'— The Works and Life of Revd Richard Greenham*, Aldershot: Ashgate, 1998, p. 351.

[3] Richard Baxter, *The Saints' Everlasting Rest*, Morgan: Soli Deo Gloria Publications, reprinted in 2000, p. 241.

[4] Richard Baxter, *The Reformed Pastor*, Morgan: Soli Deo Gloria Publications, reprinted in 2000, p. 232.

十分重要的一环。

由于清教是从社会秩序和稳定的角度看待家庭教育的，因此他们将家庭教育的重要性提升到一个前所未有的高度。伦敦清教牧师威廉·古奇在1622年出版的《家庭职责》中写道："良好的秩序必须首先建立在家庭。因为家庭先于其他有组织的社会群体而存在，所以在某种程度上良好的家庭秩序是更为必要的。家庭中好的成员更可能成为教会和国家中好的成员。"[1] 清教牧师托马斯·曼顿在为1647年《威斯敏斯特信纲》所写的《致读者》中写道："家庭是教会和国家的发源地；如果孩子们没有在这里受到良好的教化，一切都会受挫。……如果青少年在家中受到不良教养，他们在教会和国家中将会表现不良。最初的成功或失败取决于此，他们未来生活的前兆也由此显明。"[2]

基于这种认识，清教徒将当时的社会问题同不良的家庭教育紧密地联系起来。早在1579年，具有清教倾向的约翰·诺思布鲁克就以当时流行的问答方式写道：为什么英国有"如此之多的通奸者、淫荡下流的人和懒惰的流浪汉"？他认为原因在于"他们的父母对子女恶劣的、不负责任的和愚蠢的养育"。[3] 曼顿在《致读者》中开头便说："我猜想你们绝对不会对英国的状况如此陌

1　William Gouge, *Of Domesticall Duties*, Amsterdam: Theatrum Orbis Terrarum, 1976, T2.
2　*The Confession of Faith*, The Publications Committee of the Free Presbyterian Church of Scotland, reissued in 1976, p. 7.
3　Quoted in Underdown, *A Freeborn People: Politics and the Nation in Seventeenth-Century England*, p. 14.

生,以至于对虔诚力量衰退,尤其是对青少年堕落的普遍抱怨全然不知。无论你走到哪里,你都会听到人们大声抱怨不良少年和不良仆人。但是,我们确实必须更进一步寻找这一问题的根源:是不良的父母和不良的主人制造了不良的子女和不良的仆人;与其谴责他们的不驯,我们不如谴责我们疏于对他们的教导。"[1]巴克斯特说:"现今影响和困扰整个人类世界的不幸大多数属于家庭不和和家庭管理不善,或由此引起的。……不良的教育是万恶之源。"[2]

因此,清教徒试图通过布道、教理问答和出版有关家庭责任和家庭教育的书籍来唤起家长们的责任意识。古奇告诫他们教育子女不只是家庭私事,而且是关系教会和国家的大事,是一项社会的公职。"如果那些没有公职的人更加勤勉地履行他们的私人职责(此处指管教子女——笔者注),他们同样会被上帝承认,像是承担了公职。"[3]巴克斯特提醒家长们不要误以为教育子女只是教师和牧师的责任,他说:"父母、教师和本堂牧师都各有自己的职责,没有其他两方任何一方的工作都不能顺利进行。但是父母的工作是首要和最主要的。这就如同初级学校教孩子读写,文法学校教他们文法,然后大学教他们科学一样。如果现在初级学校和中级学校疏忽了它们的职责,一个孩子会在他能读,或者在

---

[1] *The Confession of Faith*, p. 7.

[2] Baxter, *A Christian Directory*, p. 427.

[3] Gouge, *Of Domesticall Duties*, p. 19.

他学过文法之前被送进大学吗?你认为他会被培养成一个什么样的学者?"[1]他还认为家长在教育子女方面具有牧师或其他人不可比拟的优势:子女年幼时完全在父母的支配之中,这时他们的知识领域还如同一张白纸,可由父母任意刻写;父母是子女最信赖的人,因此父母的话子女最爱听;父母对子女的权威是最自然不过的,比起国王和议会的权威更少争议,因此父母可以指令他们,他们不敢不从;父母总是同自己的子女在一起,他们最了解自己子女的过失,因而也知道该怎样去纠正。[2]除了直接向教民呼吁之外,巴克斯特还要求堂区牧师走访各家各户,敦促家长们履行自己的职责。他说:"直到你实现家庭改革,你才可能见到全面的改革。"[3]

三

从珀金斯开始,清教神学家、牧师一直将子女教育放在父母的责任中论述。古奇将父母的责任分为三类:哺养(nourish)、教养(nurture)和教导(instruct)。教养和教导都属于教育的范畴,但前者侧重于世俗教育,后者侧重于宗教教育。其中教养又分为两类:教给子女良好的行为举止;使子女受到良好的职业训练。在父母的三项责任中,清教思想家最为关注的是教养,即子

---

1 Baxter, *The Reformed Pastor*, p. 232.
2 Baxter, *The Saints' Everlasting Rest*, p. 242; Baxter, *A Christian Directory*, pp. 428-429.
3 Baxter, *The Reformed Pastor*, p. 385.

女的世俗教育。

尽管如此，哺养仍然是清教思想家十分重视的内容。在他们看来，忽视对子女的哺养责任，不关心他们的物质利益，是违背人性、违背基督徒良心的。加尔文曾以理性得近乎冷酷的口吻说："家系中断或不会生孩子，对于许多人来说，要比多子多女却生活在哭泣与呻吟之中好多了。"[1] 英国的加尔文教徒，即清教徒对此论述得更为详细。多德和克利弗说："在物质生活方面，让所有父母记住，他们受上帝之法和自然之法之约，要（按照他们的地位）为子女和家庭的生计和赡养做出好的和正当的安排。因此那些因掷骰子、玩纸牌、赌博或其他间接和非法的方式大手大脚地花费和浪费掉本应用来赡养子女和家庭的钱财的人，犯了极端违反人伦的罪，违背了上帝的戒律。"[2] 多德和克利弗尤其谴责那些为了个人利益作践自己子女的父母。他们说："做父母的为了财富和金钱卖儿卖女，以及在不考虑子女正当意愿的情况下，凭一时兴致将他们婚配给他们所喜欢的人，从而使他们陷入囚笼，这种做法是最无人性和最为残忍的。"[3] 珀金斯认为父母除了养育之外，还应在子女婚嫁之时给予他们财产，以便他们在开始独立生活时有一个好的起点。但是，"现今这一责任已被父母毫不在意地忽略

---

[1] 转引自安德烈·比尔基埃、克里斯蒂亚娜·克拉比什－朱伯尔、玛尔蒂娜·雪伽兰和弗郎索瓦兹·佐纳邦德主编：《家庭史》第二卷，袁树仁译，北京：生活·读书·新知三联书店，1998年，第139页。

[2] John Dod and Robert Clever, *Of Household Government*, London, 1612, p. 310.

[3] Ibid., p. 318.

了，其后果是十分严重的。因为这往往使得他们的子女要么私通，要么接受不道德的和违反宗教准则的婚姻"[1]。

但是，清教徒把教养看得比哺养更为重要。古奇认为哺养是没有理性的动物都可以做到的，但只有有理性的人类才懂得教育好自己的子女，这就是人类与动物的区别。他说："箴言说得好：'[养儿]不教不如不养。'经验告诉我们，良好的教育比一大笔遗产更为珍贵。"[2] 古奇认为英国父母对待子女的态度有"两种极端"：一是"过分吝啬和漠不关心"；二是"过分慷慨和放纵"。[3] 在这"两种极端"中，清教徒更为忧虑的是后一种。因为爱子女是父母的天性，除了极少数缺乏人性者之外，鲜有为人父母者不爱自己子女的。父母对子女的感情是这样的自然，这样的强烈，以至于它很容易突破人的理智防线，将爱发展到溺爱。在16、17世纪"家庭的自我意识增强"的情况下，这种极端更有加强的趋势。因此正如科林森指出的，清教徒唯恐爱子女太深，宠坏了他们。多德和克利弗说："猿（用太多的拥抱）几乎扼杀了他们的幼崽，同样有些不慎重的父母用他们无节制的爱、过多的娇惯和过多的呵护完全宠坏和毁掉了自己的孩子。""因此，"他呼吁，"如果父母要让自己的孩子生存下去，他们就必须注意不要爱他们太过。"[4]

---

1 Breward ed., *The Work of William Perkins*, pp. 430-431.
2 Gouge, *Of Domesticall Duties*, p. 529.
3 Ibid., p. 527.
4 Dod and Clever, *Of Household Government*, pp. 292-293.

清教徒注意到有相当一部分为人父母者只关心满足孩子们的物质要求,却忽视必要的教育。多德和克利弗以近乎斯多噶派哲学家的笔调写道:"毫无疑问,留给孩子的没有比他们从年轻时期就受到良好的、品性正直的教养,从幼婴时期就受到恰当的美德熏陶更为珍贵、更好的遗产了。这种财产将与他们永远相伴,完全不受命运风浪的坎坷的影响。"[1] 古奇以更为实际,但同样坚定的语气说:"富人自以为他们的孩子不需要教育,因为他们有足够[财富]留给他们。殊不知教育是使他们保有和充分利用这笔足够[财富]的特殊手段。"[2]

在世俗教育中,清教徒首先关心的是教给孩子良好的行为举止(good manners),因为清教徒将规范个人行为作为重建社会秩序的起点。"良好的行为举止"的核心内容是守秩序、讲礼貌。古奇曾引用《圣经·箴言》加以说明:"'教养孩童,使他走当行的道',这就是要教他怎样安排自己的人生道路。"[3] "良好的行为举止"涉及的范围很宽,几乎包括当时人日常生活的方方面面,其中主要有三个方面:一是要谦卑。服从家长,尊重长者和上司,善待与自己地位相当和比自己低的人,做到尊卑有序,相互关爱。多德和克利弗说:"父母必须教给孩子良好的行为、文明的举止。对高贵者要起立,脱帽,行礼;对同等地位的人要谦恭有礼;对卑微者要和蔼谦虚;爱所有人,宽待所有人。年轻人对于

---

[1] Dod and Clever, *Of Household Government*, pp. 293-294.

[2] Gouge, *Of Domesticall Duties*, pp. 529-530.

[3] Ibid., p. 530. 引文参见《圣经·箴言》,22:6。

这种教育的需要不亚于给他们提供食物和饮料。"[1] 二是行事为人端正。言谈举止要得体，不好色，不酗酒，不纵欲。古奇说："基督徒应当'凡事都要端正地去做'，此处的端正不仅仅指在上帝的教会事务方面，而且指在我们的整个生活过程中，在这方面我们被责令'行事端正'，即得体地安排我们所有的活动和整个生活过程。"[2] 三是养成勤劳、节俭、守时的生活习惯。其中勤劳是清教徒尤其强调的。古奇告诫父母不要让孩子"像小主人一样地在家中生活，无所事事地打发掉他们年轻的时光。要是这样的话，他们将来会成为本国的寄生虫和蟊贼。如果他们有遗产，他们不久就会将它浪费掉；如果他们没有遗产，他们要么堕落为贼，要么成为乞丐"[3]。巴克斯特要求父母"教你的孩子懂得时间的珍贵，不要让他们虚度一个小时。……让你的孩子经受勤劳生活的锻炼，使他们在年轻时不要养成贪图安逸和懒惰的习惯"[4]。

由于新教主张"因信称义"，反对中世纪的"因行称义"，使部分信徒误以为世俗道德和日常生活中的善行是可有可无的。对此，清教徒特别注意加以澄清。有人说："宗教和恩典与良好的行为举止无关，因为许多毫无敬畏上帝之心的人同样可以在外在的行为中表现得非常守秩序和十分礼貌。"古奇回答道："虽然恩

---

[1] Dod and Clever, *Of Household Government*, p. 275.
[2] Gouge, *Of Domesticall Duties*, p. 530. 参见《圣经·哥林多前书》，14:40；《罗马书》，13:13。
[3] Ibid., p. 535.
[4] Baxter, *A Christian Directory*, p. 453.

典不完全在于良好的行为举止,然而,没有它恩典就不能充分体现,因为它是对恩典极好的装饰和彰显。"[1]

清教世俗教育的另一项重要内容是使子女受到良好的职业训练,这在清教思想家的著述中是一以贯之的。16世纪的珀金斯推崇古代雅典人的一项立法:在为子女确定未来的职业之前,先带他们到生产工具齐备、各种手艺集中的公共场所,看他们喜欢哪种工具,认为自己适合从事哪项职业。这有助于他们将来事业成功。[2] 17世纪的清教思想家对此论述得更细。古奇认为职业教育十分重要,因为"一项合适的职业是子女[将来]供养自己和家人,接济那些陷于贫困中的人,宽慰父母,并[在父母困难需要的情况下]接济和赡养他们的特殊手段"。此外,从事一项职业有利于国家;有利于他们本人避免空虚,防止懒惰、嗜赌等不良生活习惯,避免结交不良伙伴等。古奇认为职业教育应包括基础教育和具体的职业教育两个方面。首先,"孩子们应受到作为所有职业基础的,如读、写和基本学识方面的教育,无论将来一个人的具体职业是什么,这些都是非常有用的"。其次,认真挑选一项合法的、与孩子的能力和天赋最相适应的具体职业,加以培训。[3] 多德和克利弗认为那些不能亲自教孩子读和写的父母,应送他们上学;那些因孩子选择的职业与自己从事的职业不同,因而

---

1 Gouge, *Of Domesticall Duties*, p. 531.

2 Breward ed., *The Work of William Perkins*, p. 430.

3 Gouge, *Of Domesticall Duties*, p. 533−534.

不能亲自教他们的父母,应将孩子送出去做学徒。[1]

那么,父母应怎样教育自己的子女呢?清教徒认为首先要折其志,使他们学会忍耐和服从。多德和克利弗认为"孩子的心如汹涌的潮水。那些有维修海堤经验的人能够不加思索地告诉我们,要是听任巨浪冲破海堤,哪怕只是一个浪潮,它们都几乎不可能在短期内恢复。同样,如果你允许孩子随心所欲,任意发展,哪怕只是一小会儿,你都很难或者再也不能赢回这一次突破"[2]。因此,父母应当防微杜渐,避免孩子们养成任性的习惯。巴克斯特说:"通常父母总是满足自己的孩子,让他们拥有他们所想要和所希望的一切,直到意愿满足变得如此惯常,以至于他们不能容忍自己的意愿受到否定;由于他们不能容忍自己的意愿受到否定,他们也就不能忍受任何统治。"[3]

其次,在孩子的衣食方面要有节制。食要足够,有益于健康,但不要过量过精,以免养成他们暴食暴饮的习惯。衣不可太华贵,不可追求时髦,因为这会使他们忘记辛劳,沉溺于虚荣。[4]

再次,父母应正其身,给孩子树立良好的榜样。多德和克利弗认为言传身教比一般的说教和规定更为重要,尤其是在儿童时代,因为这一时期他们学习的主要方式是模仿。因此,他们要父母记住"不要在孩子面前说或者做任何邪恶的或无礼的事情。因

---

[1] Dod and Clever, *Of Household Government*, p. 253.
[2] Ibid., p. 287.
[3] Baxter, *A Christian Directory*, p. 450.
[4] Dod and Clever, *Of Household Government*, pp. 287–288.

为毫无疑问,没有什么比孩子从亲眼见到父母的所做和所说中仿效和学来的东西更多、更快。孩子的美德、[未来的]富裕和成功,主要取决于父母良好的榜样和教诲,反之亦然"[1]。巴克斯特也说:"父母的榜样对孩子的影响是最大的,无论是好是坏。"[2]

最后,清教徒认为,父母应惩罚犯错的子女,包括用鞭子,以便他们能够知错悔改。格里纳姆说:"毫无疑问,刚开始时给孩子一鞭子或几句责备,比以后他挨上百鞭子要好得多。"[3]

毫无疑问,清教徒特别担心父母溺爱自己的子女,并因此忽视对他们必要的教育。我们甚至有理由相信16、17世纪特定的历史环境,尤其是不良青少年问题强化了清教徒对子女的不信任感。多德和克利弗说:"如果我们充分考虑到人与生俱来的罪恶本性,那么我们将发现那些躺在摇篮里的婴儿既任性,又充满激情。虽然他的躯体很小,但却有一个很大的、完全趋向于恶的心。"[4]正是由于这种不信任感使得他们在教育内容和教育方法上带有某些粗暴的色彩。尽管如此,我们并不能因此像斯通和庞兹一样认为清教徒冷漠、苛刻,甚至具有"虐待青少年"的嗜好。我们有必要对此做出两点说明:首先,清教徒管教子女是为了他们

---

1 Dod and Clever, *Of Household Government*, pp. 302-303, 321.

2 Baxter, *A Christian Directory*, p. 453.

3 Parker and Carlson, *'Practical Divinity'—The Works and Life of Revd Richard Greenham*, p. 350.格里纳姆的这段话和其他论断在多德和克利弗等人的著作中多有重复。参见 Dod and Clever, *Of Household Government*, p. 303。通过重复前人的重要论断,清教思想前后之间保持了相当的一致性。

4 Dod and Clever, *Of Household Government*, p. 291.

的长远利益,而不是为了作践他们,或仅仅是为了维护父母的权威。巴克斯特提醒父母在管教子女时应"使他们意识到你非常爱他们,你所有的要求、禁令和惩罚都是为了他们好,不仅仅是你想这样做"[1]。尽管清教徒相信婴儿生而有罪,但认为通过教育他们可以脱离罪的状态。比如多德和克利弗在阐发了上述关于"原罪"的议论之后,得出的结论是:"我们不是天生善良的,而是通过教育转变和变得善良的。"[2]可见,清教徒强调"原罪"是为了唤起父母对家庭教育重要性的认识,而不仅仅是为了压制和惩治子女。其次,清教徒在强调父母的管教责任以及与之相应的权力的同时,也对父母的行为做了限制。古奇告诫父母不要对子女"掌管太严格,表情太阴郁,语言中太多威胁和辱骂,动作太粗鲁,惩罚太严厉,过分限制自由,过少提供[生活]必需品等"[3]。他们认为对犯错的孩子最好口头责备,慎用鞭子。只有当其他方式都不奏效的情况下,父母才能选择后者。即使用鞭子时,父母也应当温柔并带有同情心,不可狂怒。古奇认为信徒应在对子女"过度的爱"和"缺乏正常情感"之间保持"良好的平衡"(the golden mean)。[4]

综上所述,清教关于家庭教育的思想是16、17世纪英国转型

---

[1] Baxter, *A Christian Directory*, p. 450.
[2] Dod and Clever, *Of Household Government*, p. 291.
[3] Gouge, *Of Domesticall Duties*, p. 155.
[4] Ibid., pp. 499, 550–556.

时期特定历史环境的产物,是清教徒由里而外、自下而上的社会改革方案中的重要一环。在清教徒看来,16、17世纪英国严重的社会问题,尤其是不良青少年问题主要是由不良的家庭教育造成的,因此,改革必须从家庭开始。清教徒不仅要求父母教给子女良好的行为举止,还要求他们使自己的子女受到良好的职业教育,以便他们在未来的竞争性环境中站稳脚跟。这些不仅在当时的历史条件下,即使在今天看来也都是有积极意义的。20世纪的历史学家,尤其是那些具有激进的社会改革思想的历史学家,如R. H. 托尼、克里斯托弗·希尔,习惯于用当代人的价值观念评判过去。他们谴责清教道德,认为清教道德是建立在"无情的实利主义"原则基础之上的,缺乏社会责任感和人道主义精神;他们批评清教自立、自律、自助的道德原则,相信只有公平的制度、家长式的国家干预才是解决一切社会问题的灵丹妙药。[1]他们的这种意识形态化的历史研究不仅具有非历史主义的倾向,而且他们倡导的社会改革方案也正在现实生活中遭遇困难。由于迷信国家强制下的"社会公平",忽视对国民的道德教育,西方社会日益官僚化,社会依附人口上升,只讲权利、不讲义务的极端个人主义泛滥。这些正是20世纪80年代以来西方社会古典自由主义和新保守主义兴起的主要原因。中国正处在从传统农业社会向现代工业社会的过渡之中,我们面临着许多16、17世纪的英国曾经出现

---

[1] 参见R. H. Tawney, *Religion and Rise of Capitalism*, London: Penguin Books, reprinted in 1990, 尤见第四章第四节《医治贫困的新药》; Christopher Hill, *The Pelican Economic History of Britain*, Vol. 2: *1530-1780*, reprint ed., London: Penguin Books, 1980, p. 58。

过的社会问题,如贫困、失业、青少年犯罪等。我们在处理这些问题时如何在发挥国家和社会应有的作用的同时,充分调动个人和家庭的积极性,是一个值得我们认真思考的问题。清教关于家庭教育的思想可以为我们提供某些启示。

(原载彭小瑜、张绪山主编:《西学研究》[第一辑],北京:商务印书馆,2003年)

史学与史学史

英国和中国史学的新趋势：
民族史与世界史的对立和破局

很久以来，历史就被划分为两大类：民族史和世界史。世界史最初指外国的历史，但到20世纪八九十年代，世界史更多地指跨文化交流的历史、全球史。本文认为，世界史应该既包括前者，也涵盖后者。

英国和中国的新趋势

在晚近世界史或全球史的写作和研究过程中，美国人最为积极，从威廉·麦克尼尔的《西方的兴起》、斯塔夫里阿诺斯的《全球通史》，到杰里·本特利的《新全球史》，一直引领时代潮流。相对来说，英国和中国的反应是比较慢的。于尔根·奥斯特哈默在《牛津历史写作史》"世界史"条目中写道，世界史和全球史的兴起是20世纪80年代的新现象，90年代才开始引人注目地发展起来。世界史的兴起、发展和专业化最初主要在美国，直到作者撰写该条目，即2010年时才有少数国家开始赶上。[1]麦克·本特利在回顾英国当代历史写作时说，我们正处在一个全球化的时代，环境的变化使我们需要"世界史"，需要关于全球环境、食物、服装等方面的历史。我们需要进入这块条件与限制并存、近乎混乱的研究领域，并充分意识到将不列颠同美国或欧洲的发展孤立开来会越来越困难。[2]

但近年无论英国还是中国，变化都很大。伯明翰大学历史系从事中国史研究的娜奥米·斯坦登教授说，直到2000年，英国高校历史系几乎还没有专门从事中国史研究的教师，中国史只是以文学为主的传统汉学的一部分，但到2013年英国已经有20多所高校的历史系设立了中国史的教职。[3]英国华威大学、牛津大学在2007年和2011年相继成立全球史研究中心。英国学者迅速将全球史研究的理论和方法付诸实践，2013年华威大学的乔治·列洛教授推出了《棉：创造现代世界的织物》，2015年牛津大学的彼得·弗兰克潘教授出版了《丝绸之路：一部新世界史》。[4]

---

[1] Jürgen Osterhammel, "World History", in Axel Schneider and Daniel Woolf eds., *The Oxford History of Historical Writing*, Vol. 5, Oxford: Oxford University Press, 2011, p. 108.

[2] Michael Bentley, "British Historical Writing", in Schneider and Woolf, *The Oxford History of Historical Writing*, Vol. 5, p. 291.

[3] Naomi Standen:《历史学而非汉学——二战后英国的中国史研究沿革》，仁可编译，《中国社会科学报》2011年8月25日。

[4] Giorgio Riello, *Cotton: The Fabric that Made the Modern World*, Cambridge: Cambridge University Press, 2013; Peter Frankopan, *The Silk Roads: A New History of the World*, London: Bloomsbury, 2015.

中国的情况与英国有所不同。直到20世纪80年代末，中国从事世界史研究的大学教师为数不少，吴于廑先生还在80年代初提出了"整体世界史观"，即在关注人类历史由低级社会形态向高级社会形态更迭发展的同时，也要重视人类历史从分散到整体的发展。整体世界史是对传统世界史即外国史的补充，而非替代。但是，从20世纪90年代到21世纪头10年，中国的世界史教学和研究出现了一个低谷。直到2012年世界史成为新的一级学科之后，世界史学科才迎来了一个迅速发展的时期。我国的全球史研究起步相对较早，早在2004年首都师范大学就成立了全球史研究中心，2014年北京外国语大学也成立了全球史研究院。

民族史和普世史的对立

那么，我们需要探讨，为什么英国和中国对八九十年代兴起的世界史和全球史反应比较慢，而最近又跟进较快呢？我觉得其中的原因可能有相似之处，最主要的原因是，这两个国家都存在着普世史和民族史的对立。

英国的普世史深受启蒙运动的影响。启蒙思想家认为人类有共同的理性，人类历史发展有着共同的规律，通过历史研究人们可以发现这些规律。休谟、吉本等人是这种传统的代表。后来从德国引进的历史主义，一方面表现为民族史学，另一方面表现为严格的史料考据。但是英国人最开始接受德国的史学思想就是一分为二的，以阿克顿勋爵为例，他认为在方法方面必须坚守德国式的史料考据，但作为一个著名的自由主义者，他又认为在历史的本质方面不能像德国人一样，将历史简单地等同于过去，历史学家应该有现实关怀。到后来，英国的普世史和民族史交替上升，比如说20世纪上半叶的汤因比、巴勒克拉夫等人，他们延续了英国普世史的研究路径。剧烈冲突发生在20世纪60年代，牛津大学著名历史学教授H. R. 特雷弗-罗珀对汤因比进行了系统的批判，认为尽管汤因比的《历史研究》很畅销，但对于专业历史学家来说，它是"不真实、不合理、教条式的"[1]。从他开始到G. R. 埃尔顿，实证学派逐渐占了上风，事实上埃尔顿比兰克还兰克。在这个时候谁提倡世界史和全球史都会遭到怀疑或批判。因为历史研究要立足于原始材料，否则就没有发言权。

中国也存在类似的冲突。中国的普世史是从苏联引入的，受苏联教条式"马克思主义"史学，特别是"五种生产方式"的影响，史学家的任务是探讨人类历史发展的普遍规律，因此要研究外国的历史。正因如此，从中华人民共和国成立初期到20世纪80年代末，中国对世界史是比较重视的。奥斯特哈默甚至认为，除了美国之外，最大的世界史工作者群体可能在日本和中国。[2]中国的民族史传统也来自德国。受德国历史主义影响的历史学家如傅斯年认为，中国历史学家应致力于中国史研究，因为中国有丰富的历史材料和史料批判的历史传统。在他们看来，在中国做世界史研究几乎是不可能的，资料条件是不够的。有学者将中国近百

1　H. R. Trevor-Roper, "Arnold Toynbee's Millennium", *Encounter*, Vol. 8, No. 6(1957), pp. 14-28.
2　Osterhammel, "World History", p. 108.

年的史学争论归结为史观派和史料派之争,从中华人民共和国成立初期直到20世纪80年代末,史观派是占支配地位的,八九十年代则是史料派复兴并大有一统天下之势。王学典先生说:"进入1990年代后,史观派的学术史地位就越发无足轻重,乃至可有可无了。"[1]事实上,世界史研究工作者大多属于史观派,这可以部分解释为什么中国的世界史在世纪之交的前后10年步入低谷。

但现在这个情况发生了很大变化。首先,从20世纪90年代以来,全球化的趋势变得越来越明显。在全球化的时代不可能不研究世界史,因为世界史是促进不同民族、不同文明之间相互理解、相互沟通的重要工具。如果说民族史的功能是培养民族认同和爱国主义的话,世界史则是一种"国际教育",两者缺一不可。其次,西方学界对历史的认知也发生了很大的变化。在兰克史学占支配地位的过去,人们认为历史只是以研究过去为目的,但现在大多数学者认为历史学还具有道德教育的功能,它应当关注当下。从《棉:创造现代世界的织物》和《丝绸之路:一部新世界史》中,可以明显感到两位作者正力图摆脱欧洲中心论的影响,关注被历史所遗忘的人群和地区,探讨历史与当下的关联。尽管两位作者大量依赖甚至主要依赖二手文献,但丝毫不影响其著作在学界内外获得如潮好评。当人们不再只是从方法或技术的层面去评判历史研究的高下时,心胸就会变得开阔一些,不再像过去

---

[1] 王学典:《近五十年的中国历史学》,《历史研究》2004年第1期,第165—190页;王学典、陈峰:《二十世纪中国历史学》,《引言》,北京:北京大学出版社,2009年,第1—14页。

那样狭隘极端。再次是资料条件的改善。过去由于受资料条件的限制，中国的世界史研究常不得不借助二手资料，因而从专业研究的角度很难达到原创水平。但是现在不一样了，很多资料网上都可以找到并下载，现在的问题恐怕是下功夫读的人还不多。

世界史研究破局之探讨

民族史与普世史的长期对立是我国世界史研究发展的重要障碍，那么该如何破局？这是我们目前真正需要关心的问题。现在西方学者中不少人提出普世史复兴，对此我深表疑虑。如果直到今天我们还把历史当成哲学来做的话，世界史将永远被人看不起。严格意义上的历史学，不管是世界史还是民族史，都应该从原始材料做起。

如何破局？首先，要从努力提高我们自身的专业研究水平开始。我个人倾向于将世界史分为两类：一类是传统意义上的世界史，即外国史；另一类是晚近出现的"新世界史"，即以跨文化交流为中心的全球史。前者应更重视具体问题研究和实证研究，虽然全球史可以更多地利用综合，但也需要有所取舍，尽可能将全球视野与具体问题研究相结合。同美国全景式的全球史相比，英国全球史研究的对象更具体，问题意识更明确，这一方面反映了英国经验主义史学传统的影响，另一方面也是全球史研究进一步走向深入的表现。我国世界史学界的全球史研究起步并不算晚，但到目前似乎还停留在全球史的内涵、意义和可行性争论上，这些争论既反映了一部分学者对学理问题的偏好，也反映了一部分学者对宏大叙事的不信任。[1] 我个人认为，吴于廑先生20世纪80年代的整体世界史研究值得借鉴。他不仅提出了整体世界史观，而且围绕整体世界史中的几个重大问题进行了深入具体的探讨，比如前资本主义时代游牧世界与农耕世界的矛盾与交往，15、16世纪整体世界史的初步形成及其动因等。[2] 在某种意义上，笔者认为，吴于廑先生的整体世界史就是一种具有中国特色的全球史。[3]

其次，将个人的学术专攻放入世界历史的大背景之中，进行历史比较研究。R. I. 穆尔是著名的英国中世纪欧洲文明史专家，也是一位世界史学家，麦克·本特利主编的《史学史指南》中"世界历史"条目就是由他撰写的。[4] 他认为，从世界历史发展的全局来看，中世纪是欧亚文明大发展、大转型、大分流的时期。从公元1000年左右开始，欧亚大陆的农业不仅空间范围扩大，而且生产和经营更为集约，从而为以城市为基本特征的文明扩张奠定了基础。但是，经济集约化和社会复杂化也对古代社会遗留下

---

[1] 刘新成教授对我国世界史学界关于全球史的观点和争论有系统的梳理和点评。刘新成:《全球史观在中国》,《历史研究》2011年第6期。

[2] 吴于廑:《世界历史》《世界历史上的游牧世界与农耕世界》《世界历史上的农本与重商》等,收入氏著《吴于廑文选》,武汉:武汉大学出版社,2007年。

[3] 1989年丹麦历史学家李来福（Leif Littrup）在丹麦《文化与历史》杂志上以"具有中国特色的世界史"为题,介绍了吴于廑先生的整体世界史观。李来福:《具有中国特色的世界史》,李荣建译,《武汉大学学报》1993年第4期。

[4] R. I. Moore, "World History", in Michael Bentley ed., *Companion to Historiography*, London: Routledge, 1997, pp. 918-936.

来的价值体系提出了挑战，使得作为传统价值体系守护者的文化精英面临危机。在应对危机的过程中，东西方文化精英以不同的程度、不同的方式对古代典籍进行了再诠释，从而创造出适应各自环境的新的价值体系。在他看来，12世纪是欧亚大陆前近代传统确立的时期，是人类文明经历的第一次"大分流"。[1]布鲁斯·M. S. 坎贝尔是著名的中世纪英国农业史专家，不久前转向研究中世纪晚期英国生态环境的变化。他将自己新的研究成果置于同一时期欧亚大陆的大环境中思考，于2016年推出了《大转变：中世纪晚期世界的气候、疾病和社会》。在他看来，13世纪后期开始的气候变冷、大瘟疫给欧亚大陆带来了普遍的危机，尤其是人口锐减和经济萧条，迫使欧亚大陆各地区做出相应的结构调整。以英国和荷兰为代表的西北欧地区由于种种主客观原因，如混合农业容易适应气候变化的影响，在农产品价格下跌时发展手工业，发展波罗的海、北海和大西洋贸易等，最终成功地完成了大转型。因此，在他看来，彭慕兰所说的"大分流"根源于中世纪晚期的大转变。从这点看，民族史与世界史并非截然对立，而是可以相互补充的。[2]

---

[1] R. I. Moore, "The Eleventh Century in Eurasian History: A Comparative Approach to the Convergence and Divergence of Medieval Civilizations", *Journal of Medieval and Early Modern Studies*, Vol. 33, No. 1(2003), pp. 1–21; "Medieval Europe in World History", in Carol Lansing and Edward D. English, *A Companion to the Medieval World*, Oxford: Willey-Blackwell, 2009, pp. 563–580.

[2] Bruce M. S. Campbell, *The Great Transition: Climate, Disease and Society in the Late-Medieval World*, Cambridge: Cambridge University Press, 2016.

再次，加强学术交流与合作，建设世界史学术共同体。传统的史学研究是个性化的，一个人、一支笔足矣，但当今的世界史，尤其是全球史研究仅凭个人之力已远远不够，需要更多地发挥学术共同体的作用。列洛教授在《棉：创造现代世界的织物》的《引言》中坦陈："尽管有可能获取大量的信息、解释和史学文献，全球史仍难免经常出现偏见。欧洲［西方语言］的学术和档案资料是问题的核心。本书依赖英语［和一定程度少量的其他欧洲语言］，这是一开始就要交代清楚的。我也许可以通过指出当材料如此丰富，梳理不同语言的史学之困难来为自己辩解，不过我只想说由于缺乏语言技能，并易于获得熟悉的资料，造成了从初始就有偏见的结果。"[1] 列洛教授遇到的问题是几乎所有从事世界史，尤其是全球史研究的人都有可能遇到的。文化上的隔膜、学术背景不一致、语言的多样性等使得世界史研究异常艰难，除了个人的努力之外，团队合作也是消除上述障碍的重要途径。1979年吴于廑先生在武汉大学成立十五六世纪世界史研究室，研究室成员包括从事西欧、日本和中国史研究的专家学者，目的就是希望研究不同地区或国别、具有不同语言技能的学人通力合作，优势互补，以便写出真正具有整体性的世界史。今天国内外学术交流与合作的条件比过去好多了，而且随着中国国际地位的提高，越来越多西方国家的高校希望同我国建立学术交流与合作关系。事实上，在诸如棉的全球史、丝绸之路世界史研究方面，我们中

---

[1] Riello, *Cotton: The Fabric that Made the Modern World*, p. 12.

国学者拥有不少相关资料,完全可以和外国学者开展对话与合作研究。

总之,由于历史上民族史与普世史的长期对立,英国和中国的世界史都发展缓慢。但进入21世纪以来,受全球化局势和史学自身变化的影响,两国的世界史都进入快速发展时期。但是,要消解民族史与普世史对立的影响,使我国的世界史成熟发展并得到学界的普遍认可,还有大量工作要做,包括重视具体问题研究和实证研究,努力提高自身专业研究水平;将个人的具体研究放入世界历史大背景中,开展历史比较研究;加强学术交流与合作,建设世界史学术共同体等。

(原载《探索与争鸣》2018年第5期)

西方学者对"皮朗命题"的验证与再讨论

20世纪前期,比利时著名经济史家皮朗提出了一个重要命题——以地中海为中心的古代经济并没有因为日耳曼人的入侵而告终,而是延续到7世纪。是伊斯兰教的扩张打破了地中海世界的统一,并迫使西部欧洲背向大海,靠开发自身资源,主要是北方的土地维生。中世纪欧洲自给自足的农本经济,以及植根其上的新文明由此产生。8、9世纪是转变的关键时期,也是欧洲经济的最低点。在此期间,来自东方的商品,如莎草纸、香料和丝绸中断了;地中海金币被加洛林王朝的银币所取代;除少数犹太人之外,专业的商人阶级消失了;罗马城市蜕变为失去经济功能的主教住所。直到10、11世纪具有冒险精神的威尼斯人、斯堪的纳维亚人重新打开欧洲向外的通道,欧洲的贸易和城市才开始复兴。在这种意义上,皮朗说,"没有穆罕默德,就不会有查理曼"。

"皮朗命题"提出不久即遭质疑。美国经济史家罗伯特·S.洛佩兹逐一考察了皮朗列举的三种"消失的"商品，即莎草纸、香料和丝绸，发现它们的"消失"与伊斯兰教的扩张并不同时。比如，直到10、11世纪莎草纸仍被罗马教廷和罗马地区许多私人使用。银币取代金币的确发生在8世纪，但并非如皮朗所言，是为了适应"大规模贸易消失"的时代，而是出于查理曼政治方面的考虑。由于拜占庭皇帝坚持拥有铸造肖像金币的垄断权，查理曼放弃金币，改用铭文银币，是为了向拜占庭皇帝示好，以利睦邻。瑞典古钱币学家斯图雷·博林根据在斯堪的纳维亚和俄罗斯发现的大量窖藏阿拉伯钱币，指出8、9世纪北欧同阿拉伯帝国之间存在着密切的商业交往。最初的交往以西欧即法兰克王国为中介，但随着维京人向东扩张，9世纪30年代以后逐步转到经俄罗斯交往。加洛林王朝改用银币也是受东方白银流入的影响。他将8、9世纪称为"东方白银时代"，其源头在阿拉伯帝国新征服的兴都库什山脉。尽管如此，批评者掌握的证据还没有充分到足以推翻"皮朗命题"。

20世纪70年代以来，欧洲中世纪早期考古取得了突破性进展，在一定程度上弥补了过去研究资料的不足。从80年代初开始，英国考古学家理查德·霍奇斯发表一系列论著，试图根据新的考古发现检验"皮朗命题"。他支持皮朗的基本观点，即中世纪早期欧洲经历了从以地中海为中心的古代经济向西北欧农本经济的转变；转变的根本原因在于远距离贸易衰落。但具体过程与皮朗论述的不同。在他看来，古代经济的确承受住了5世纪日耳曼人的大冲击，但在6世纪战争、重税和社会动荡的打击之下崩溃了。到600年左右，地中海上的东西方贸易停滞了，西地中海沿岸和西北欧的罗马城市衰落了，古代经济进入垂死阶段。因此，霍奇斯不赞成将欧洲从古代向中世纪的转变归因于伊斯兰教的扩张，他说"在一定程度上，7世纪末8世纪初伊斯兰帝国的创建是皮朗察觉到的经济转型的结果，而非原因"。霍奇斯还认为加洛林王朝的经济并非全封闭的，事实上，为了满足新权贵对奢侈品的需求，该王朝积极发展经北海、波罗的海和第聂伯河同西亚阿拔斯王朝的贸易。在这一点上，他不仅同博林的观点一致，还提供了可以证明北方贸易存在的新证据，即考古学家在北方诸海商路节点发掘或调查的港市，如北海南部的多尔斯塔德、康托维克、伦敦，斯堪的纳维亚半岛的里伯，波罗的海的海泰布等。这些港市有市场，但没有城墙，时人称之为"emporium"（通商口岸或商埠），以别于有城墙的罗马城市"civitas"（城市或城邦）。霍奇斯认为这些港市是7—9世纪新出现的，与过去的罗马城市没有多少联系；这些港市由国王们控制，反映了北欧从原始的礼物交换向有限的商品交换的转变，这种转变对于10世纪的城市革命有着重要影响。

受考古学新的研究成果推动，历史学家围绕"皮朗命题"进行了更加深入细致的探讨。美国史学家、哈佛大学教授迈克尔·麦考密克广泛搜集并阅读西部欧洲、拜占庭帝国和阿拉伯的文献资料，并采用了数字化处理方法。鉴于有关贸易和商人的直接记载较少，他将更加广泛的交流作为间接证据纳入考察范围，包括人流如使节、朝圣者、难民、奴隶等,物流如圣徒遗物、钱币、丝绸、药物等。在2001年推出的《欧洲经济的起源》一书中,他肯定了"皮朗命题"的前提,即伊斯兰教的扩张对欧洲经济转型产生了重要影响,但对影响的性质和后果看法不同。事实上,他的结论与博林相近。他认为罗马帝国经济是由国家管控的谷物贸易带动的,以保障地中海沿岸大都市的供应为目的。随着7世纪亚历山大港和埃及先后落入波斯人和阿拉伯人之手,古代地中海贸易确确实实衰落了。但从8世纪晚期,而不是皮朗所言的10、11世纪,欧洲贸易开始了复兴,并形成了不同于古代的新特点。中世纪早期的贸易是落后的欧洲同先进的阿拉伯帝国之间的交换,欧洲向阿拉伯帝国出口毛皮、木材,特别是奴隶,以换取欧洲所需要的黄金、白银、丝绸和药材等;欧洲腹地通往东地中海的商路由过去的一条(沿法国罗讷河南下,到马赛转海路向东)变成多条,其中尤为重要的是溯莱茵河而上,越过阿尔卑斯山关口,到亚得里亚海的一条。通过这些商路,西北欧和中欧的奴隶被源源不断地运送到西地中海沿岸港口,特别是威尼斯,再从这里出口到"伊斯兰之家"。麦考密克认为奴隶贸易是中世纪早期欧洲经济增长的催化剂。

霍奇斯、麦考密克和皮朗一样,都特别强调远距离贸易的影响,因此,他们被学界称为"新皮朗主义"者。他们的观点受到了重视欧洲内部经济,特别是农业生产的学者的批评。比利时经济史家阿德里安·费尔胡尔斯特批评霍奇斯过分强调考古发现的重要性,忽视历史资料,没有将港市研究放到同一时期欧洲历史总体发展中考察。他认为，北海贸易独立于地中海；它兴起于7世纪晚期，并持续发展到10、11世纪及其以后；使北海贸易保持持续增长势头的是欧洲内部农业生产的发展。根据他本人对低地国家早期城市史的研究，北海港市主要经营上莱茵、中莱茵地区生产的谷物、酒和陶器，除了部分供沿海地区消费，其余部分出口到英国和斯堪的纳维亚半岛。事实上，中世纪早期的国际贸易不过是欧洲区域交换的延伸。但是，北海贸易并不是直线发展的，9世纪维京人的入侵冲击很大，它导致了北海沿岸不设防港市的衰落乃至消失。与此同时，一批靠近内陆、通常设防的内河港市兴起了，如斯海尔德河的瓦朗谢讷、图尔纳、根特，默兹河的马斯特里赫特、于伊和迪南。由于后者具有古老的城市传统（其中有的就是过去的罗马城市），并便于控制周围乡村，因而为10世纪及其以后更大规模的国际贸易拉开了序幕。

英国马克思主义史学家、牛津大学教授克里斯·威克姆反对皮朗等人的外因决定论，强调交换水平取决于社会内部的需求。在他看来，前资本主义社会绝大多数农民生活在自给自足状态中，因此社会内部需求主要是社会精英即教、俗贵族的需求。与霍奇斯的看法不同，他认为贵族不仅需要来自东方的奢侈品，更需要来自欧洲不同地区的大宗货物，如酒和陶器。贵族需求的大小取决于对农民榨取的能力，因此，交换问题需要从总体社会，特别是国家形态层面考察。威克姆认为古代世界占支配地位的生产方式是贡赋生产方式，代表贵族利益的国家通过税收进行剥削；中世纪占支配地位的是封建生产方式，个体化贵族通过地租进行剥削。中世纪早期处在罗马帝国的贡赋生产方式已经崩溃，封建生产方式又还没有完全确立的阶段，贵族力量薄弱，农民的自主性强，使得交换经济大倒退。不过罗马帝国崩溃后地中海世界和欧洲的经济朝着区域化方向发展，不同地区的发展水平不同。就欧洲来说，西北欧因出现了强大的法兰克王国，财税制度相对完善，有助于王室和教会积累财富，从而使得交换经济有较大程度的发展，北海港市就是在这种背景下出现的。但是，随着查理曼帝国的解体，经济下行，北海港市也淡出历史。直到10、11世纪贵族对农民的控制最终确立，欧洲贸易和城市才在发达的地方经济基础上重新开始。

近年来内因论在西方学界的影响很大。剑桥大学出版社2011年出版的中世纪史教科书《加洛林世界》中有言："交换体系的发展最终依赖加洛林乡村生产率的增长和相对广大的地主阶级抓住机遇的能力，这些机遇是由国王及其宫廷精英推出的日益雄心勃勃、越来越广泛的再分配制度创造的。考古发现呈现的远距离贸易网络也许很壮观，但即使是最乐观的估计，它们所能反映的也只是整个经济中很小的一部分。"从这段论述中我们无疑可以看到费尔胡尔斯特和威克姆的身影。

由此可见，20世纪80年代以来西方学界新的研究成果已经在很大程度上修正了"皮朗命题"。首先，古代经济的衰亡并非因为伊斯兰教的扩张，事实上，该过程早在伊斯兰教扩张之前已经开始，甚至可以上溯到罗马帝国晚期；其次，考古学家对北海港市的研究表明，加洛林时代的经济并非完全自给自足，也并非欧洲经济的最低点；最后，不应过分夸大远距离贸易的影响，相反，只有从古代晚期中世纪早期长时段的经济社会过渡中考察，远距离贸易的变化才能得到充分的理解和认识。

（原载《光明日报》2016年12月10日）

中世纪晚期近代早期欧洲史研究的重要性及难度

1979年，在中国学术研究的春天刚刚到来之际，吴于廑先生在武汉大学成立了十五六世纪世界史研究室。先生将这两个世纪看作"世界历史上的重大转折时期"，一方面表现为欧亚大陆东西两端的封建农本经济发生松动，开始向商品化生产发展；另一方面，与此相伴随"基于农本经济的各地区、各民族之间的互相闭塞的状态，开始出现了有决定性意义的突破"。在此过程中，欧洲的变化尤为重要。它率先从农本到重商、从封建主义向资本主义转变，并由此拉开了资本主义向全世界扩张的序幕。欧洲率先变化造成的冲击和影响持续至今，因此，"不研究15、16这两个世纪欧亚大陆东西方变化的相同与不同，就难以理解400年来的世界，也就难以理解世界的当前"。

吴于廑先生的观点集中反映了中国世界史工作者的志趣：重

视重大理论问题，重视具有重要现实意义的问题。正因为如此，尽管30多年过去了，先生开创的15、16世纪世界史研究并未过时。相反，随着改革开放的不断深入，该选题的重要性越发彰显。但是，要将对重大理论问题、具有重要现实意义的问题的探讨建立在历史学严格的实证研究基础之上并非易事。就欧洲史研究而言，由于我们起步较晚，基础薄弱，难度更大。在我们看来，充分了解西方学界的研究状况，并在此基础上将中国学者关心的问题同西方学者已有的研究成果有机地结合起来，是首先需要考虑的。

按照西方学者的历史分期，15、16世纪分属于两个不同的时代，即中世纪和近代。这种划分在很大程度上是受了德国著名历史学家兰克个人研究兴趣的影响。兰克研究中世纪和近代早期欧洲的历史，著述颇丰，涉及的范围也较广，但他用情最深、着墨最多的是16、17世纪欧洲民族国家的形成史。当根据兰克"科学的"史学原则创办的历史学科在19世纪晚期的德国大学出现时，统一的民族国家的建立就成了区分中世纪史和近代史的主要标志。这种历史分期很快被欧洲其他国家所接受。克莱顿在为20世纪初年出版的《剑桥近代史》撰写的《导言》中，专门讨论了近代史的开端问题。他认为近代史是人类文明发展到这样一种阶段的产物——对于它今人不再感到陌生，我们懂得时人所使用的语言，所追求的理想，以及表达思想的方式，并对他们遭遇到的困难感同身受。按照"熟悉"的标准，中世纪和近代的区分是在15、16世纪之间。在此期间，欧洲人的心态发生了"异乎寻常的变化";在外在事物方面,也发生了一系列可将中世纪与近代明显区分开来的重大变化——民族国家的兴起、宗教改革和地理大发现。

克莱顿承认任何历史分期都带有随意性,但他认为从"科学的"角度进行这种分期是必需的。按照以上标准,1500年左右是划分中世纪和近代最便利的时间,因为民族国家的兴起、宗教改革和地理大发现等"划时代"事件大都发生在此期间。依据这种划分,1500年前后的欧洲史变成两个相互独立的研究领域(此前还有古代史)。随着时间的推移,两者之间的界限变得越来越森严,以至于任何跨越这两个时段或"混淆"这两个时段研究内容的尝试都会被视为不够专业的、非科学的。

历史分期有助于历史教学和研究的专业化,这不仅在当时是大势所趋,即使放在今天也无可厚非。但是,这种以"短时段"的历史事件为划分标准的分期,往往会给对某些具有连续性的历史问题的研究带来不便。事实上,这种不便从一开始就出现了,其中最明显的例证就是对文艺复兴的处理。文艺复兴是从14世纪一直延续到17世纪的思想文化运动,它很难被纳入中世纪和近代分期的历史框架之中。《剑桥近代史》和《新编剑桥近代史》的编者在处理这部分内容时似乎颇费周折。《新编剑桥近代史》将"文艺复兴"作为第一卷,但在标题后附注了时间"1493—1520年",可见,《新编剑桥近代史》中的"文艺复兴"并非文艺复兴的全部。事实上,它只包含文艺复兴传播到西北欧、西欧用近代本民族语言写作开始的这一段时间的历史。通过这种方式,编者在长时段的文艺复兴和短时段的历史事件划分中找到了某种平衡。

对中世纪和近代严格区分的不满一直存在，早在20世纪60年代，就有学者提出应将英国近代国家的开创从都铎王朝的亨利七世向前推到约克王朝的爱德华四世。但有意打破中世纪与近代壁垒的尝试还是较晚的事。1998年麦金托什出版了《控制不良品行：1370—1600年的英国》，在这本书中她对近代早期史学家特别关注的社会性规制问题进行了重新考察。按照近代早期史学家的观点，16、17世纪英国的社会性规制大大加强，他们沿用时人的说法，将这一现象称为"风习改造"。他们认为"风习改造"的动因部分来自中央政府的压力，部分来自清教思想的影响。但麦金托什根据对地方档案，特别是基层法庭——领主裁判庭档案的研究，发现该现象早在"黑死病"大暴发之后就已经开始，并随着时间的推移不断加强，直到17世纪末达到高潮。她不否认16、17世纪中央政府介入的影响，但认为更主要的推动力来自地方，特别是乡村中富裕农民的主动性，他们往往不等上级政府的指示就自己采取行动。麦金托什主张将中世纪晚期近代早期的历史作为一个整体进行考察，为此，她将研究重点从中央转向地方，从国王、社会上层精英转向普通民众，因为越是贴近底层的历史越能反映历史发展的连续性。

2005年，克里斯托弗·戴尔教授出版了《过渡时代？——中世纪晚期英国的经济与社会》，指出过去以1500年为界的过渡问题（即从传统向近代、从封建主义向资本主义过渡）研究是误导的，在这种二元对立的分析框架中，中世纪只不过是近代进步和变化的反衬。事实上，戴尔根据他多年的实证研究，包括对田制、建筑物的考古学研究，指出中世纪并不像人们过去认为的那样落后，1500年左右及其以后在英国发生的变化，如商业化、消费主义等都可以在中世纪找到先例；资本主义的兴起并不是由于领主对农民的驱赶，而是由于中世纪晚期以来农民内部的分化。因此，他提出要打破中世纪与近代的界限，用长时段的视野和研究方法考察英国的过渡问题，在他看来，这种过渡至少从中世纪晚期持续到整个近代早期，即从14世纪晚期到18世纪中叶。

但是，并非所有西方学者都赞同对中世纪晚期近代早期的欧洲历史做长时段的考察，他们担心这样做会造成对研究对象无限制的前推后延，以致淡化研究对象本身；此外，此类研究能否有效实施也值得怀疑。他们的担心并非多余，在我们看来资料问题就是一个不小的障碍。首先是资料阅读，中世纪的档案主要是用拉丁文写成的，研究者需要经过专门的语言训练，即使是用本民族语言写成的，它们同近代本民族语言仍有区别；15世纪末16世纪初以后的档案主要是用近代本民族语言写成的，但书写远不如中世纪规范，特别是近代早期的手稿，非常难以辨认。其次是资料的连续性，我们研究中世纪社会经济史的主要资料来自修道院庄园，那里保存的完整的庄园账簿尤为珍贵，可进行统计分析。但由于宗教改革解散了修道院，这种珍贵的资料来源也随之消失。虽然还有其他资料可用，包括近年以来西方学者越来越多地使用的考古学资料，但像庄园账簿那样能够进行统计分析的经济史研究资料在之后很长一段时间里不再能够找到。

由此可见,吴于廑先生在中国改革开放之初提出的研究课题不仅具有重要的学术价值和现实意义,而且具有前瞻性。他还在《世界历史上的农本与重商》一文中,探讨过欧洲率先变化的原因,这与近年来西方学者对过渡问题的长时段考察有异曲同工之处。但是,由于先生过早仙逝,他所开创的15、16世纪世界史研究未能很好地继续下去,这不能不说是中国世界史研究的重大损失。如前所述,该研究的难度很大,仅凭个人之力远远不够。在欧洲史研究方面,近年来国内从事中世纪晚期或近代早期研究的学者大大增加,从事研究的条件也大大改善,如果我们能有意识地开展一些合作,很有可能将吴先生开创的研究推向深入。

(原载《光明日报》2012年6月7日)

新政治史与近代早期英国的堂区研究

新政治史是近年来西方史学研究中的一个亮点。"新政治史"概念是帕特里克·科林森教授在1989年就任剑桥大学钦定讲座教授时所做的演讲中提出来的,针对英国社会史学家忽视政治,尤其是将历史零碎化的倾向,他提出"恢复有政治的历史"。他反对社会史奠基人G. M. 屈维廉将社会史与政治史分离的做法,呼吁两者的结合。他说"新政治史"就是"恢复了政治的社会史"。虽然科林森教授强调政治史的重要性,但他不赞成传统政治史学家将政治史局限于政府史,只注意最高统治者和少数精英人物,而是主张将政治史研究深入到"人民的历史",即屈维廉时代的社会史领域之中。他说:"这种新政治史的核心是要探讨社会深处的政治,在过去认为不存在政治生活的层面发现政治生活的迹象,揭示这些低层面政治生活的横向联系,这些联系是与政治史通常关注的纵向联系同时存在的。"

与此同时，以基思·赖特森为代表的第二代新社会史学家也在反思社会史由于过分零碎化而陷入的困境。他们呼吁新的综合，其中重要的一步是打破社会史与政治史之间的壁垒。这种努力与科林森教授的倡导不谋而合。在他们共同的推动下，20世纪80年代，尤其是1990年以来，一种新的政治史悄然兴起。

应当指出的是，科林森教授与赖特森等人对新政治史的理解并不完全相同，但在两个基本点上却相当一致：首先，与传统的政治史不同，新政治史注重的是下层政治，人民的政治，而不再是上层政治，精英人物的政治。其次，新政治史与社会史密不可分，它所研究的是社会关系中的权力因素以及地方权力结构的社会影响，因此，新政治史又可称为社会政治史。

在近代早期英国的新政治史研究中，"堂区"（the parish）受到了特别的关注。堂区原本是指由本堂神甫管理的教务单位，是基督教会的基层组织，但在中世纪晚期近代早期，随着庄园制度以及城市行会组织的衰落，堂区承担起越来越多的社会和行政责任，逐步演变为世俗堂区（the civil parish）。堂区是英国社会的基层组织，最贴近人民，因此被科林森教授看作新政治史最有用武之地、最需要"恢复政治"的地方。赖特森教授同意科林森教授的看法，他将自己的研究称为"堂区政治"。

那么，堂区政治具有哪些特点？首先，堂区在很大程度上是自治的，它通过非正式的、法庭之外的手段解决自身问题，尽可能地减少对外部权力机构的依赖。其次，堂区政治具有某种程度的共和性质。堂区的最高权力机构是教务委员会（the vestry），它由本地一批有地位的人组成，堂区重大的事情要经过教务委员会集体决定。最后，堂区政治还表现为堂区中富人和穷人之间的疏远，以及前者对后者的统治。

赖特森和史蒂夫·欣德尔特别强调近代早期英国社会分化与堂区政治之间的联系。他们认为，堂区政治的实质是寡头制，权力掌握在为数不多的新生富人，即当时人所说的"中等阶层"（the middling sort）手中。他们的统治是行之有效的，但是他们并不是通过强制性权力，而是利用各种社会关系、调动各种文化和政治资源实行统治的。其中《济贫法》的实施尤为重要。通过有组织的济贫，穷人作为一个特殊群体被挑选出来，被孤立，被排斥，而且通过对接受救济的人进行资格认定，迫使穷人遵循当时的社会规范。

英国从新政治史的角度研究堂区才刚刚开始，还有不少问题需要进一步探讨。比如，堂区的自治程度究竟有多大？它同中央政府、郡政府的关系如何？《济贫法》的实施究竟是由于统治的需要，还是出于人道主义的冲动？尽管如此，新政治史研究已经带来了政治史的复兴，并将政治史的研究领域大大拓宽。因此，有关研究值得我们重视。

（原载《世界历史》2005年第6期）

书评与书序

世界史视野中的亚洲海域
——读羽田正《东印度公司与亚洲之海》

羽田正教授将17、18世纪东印度公司活动所及的所有亚洲国家和地区都纳入考察范围,为此他使用了"亚洲之海"。所谓"亚洲之海"不仅包括印度洋,还包括中国的南海和东海。

东印度公司在亚洲的活动,是集远洋贸易、跨文化交流和殖民掠夺于一身的多面故事,长期以来一直是学术界高度重视并争论的问题。近年来,随着全球化和后现代主义思潮的兴起,东印度公司研究再掀高潮。但是,由于相关资料主要集中在东印度公司的母国,即英国、荷兰和法国,该研究领域一直是由西方学者主导的。在为数不多的由东方学者撰写的著作中,羽田正教授的《东印度公司与亚洲之海》(中文简体译本近期将由"理想国·北京日报出版社"出版)是最新推出的,给人不一样的感觉。

在笔者看来,本书有以下特点。

首先,采用了世界史研究的方法和路径。所谓"世界史",

是20世纪八九十年代兴起的、与传统民族史学不同的、以研究世界不同国家或地区之间的相互联系为面向的历史。为了同过去的世界史（即外国史）相区别，包括羽田正教授在内的史家又称晚近的世界史为"新世界史"。世界史研究最早出现在美国和中国，但进入21世纪后日本跟进很快。杉山正明对以蒙古为代表的欧亚草原帝国的研究，羽田正对亚洲海洋世界的研究，是这方面的代表。20世纪80年代初，我国著名史学家吴于廑先生提出了"整体世界史观"。他将人类历史分为"纵向发展"和"横向发展"，指出世界史研究侧重于后者，即人类历史从分散到整体的发展。在论及本书的指导思想时，作者表达了类似的观点。他说："迄今为止的历史研究主要根据不同的国家或地区，以时间为轴来开展研究。这就是所谓'纵向历史'研究方法。但是，针对同一时代不同国家或地区的历史，通过横切的方式来叙述世界整体过去所发生的历史，也就是所谓'横向历史'研究方法的应用，至少在本书出版十年之前是很少有人尝试的。"《东印度公司与亚洲之海》力图以东印度公司为客体，构建17、18世纪"横向相连的'世界史'"。

在西方史学界，东印度公司研究是一门显学。在传统的历史叙事中，东印度公司的活动被视为欧洲民族国家或帝国推行重商主义政策的重要组成部分，即通过对外贸易和对殖民地的掠夺最大限度地获取财富，以达到国强国富的双重目的。随着战后欧洲殖民主义体系崩溃，东印度公司研究也从国家或帝国史框架中解脱出来，成为纯经济史研究。借助国际贸易理论和计算机技术，以尼尔斯·斯廷斯加德、柯提·乔杜里为代表的新经济史家对东印度公司贸易的性质和结构、交易体系、货物种类、长期趋势等进行了统计分析和专门化的研究。在研究过程中，他们发现了一些新问题并得出了一些新的结论，比如股份制是东印度公司的制度创新，也是西方国家在亚洲海域获得成功的关键；在东印度公司运回的货物中，奢侈品所占比例不大，大宗货物如靛蓝、硝石、生丝和棉纺织品才是主要的；东印度公司不仅有官方贸易，还存在公司职员成规模的私人贸易。

与战后的非殖民化运动相伴随，西方史学界也开始对19世纪大行其道的民族史学进行反思。在他们看来，这种狭隘的民族史对于两次世界大战的爆发具有不可推卸的责任。为了摆脱民族史学的局限，一些史家开始寻找超越民族国家的叙事单位。"文明""海洋"等新单位应运而生。法国年鉴学派大师布罗代尔是海洋史研究的奠基人。在1949年出版的《菲利普二世时代的地中海和地中海世界》一书中，他首次将地中海及其周边的国家作为一个整体进行研究。他认为在深层次的自然环境和人文条件作用下，地中海世界不同文明同呼吸、同命运，即使菲利普二世时代基督教西班牙同伊斯兰土耳其之间的争霸战争也不能将此改变。受布罗代尔的启发，乔杜里在20世纪80年代中后期从对英国东印度公司的研究转向对印度洋的研究。他认识到与布罗代尔的地中海世界相比，印度洋的自然环境和人文条件存在很大差异性，不同文明之间远未形成分享共同命运的局面。但是，印度洋世界仍然是一个整体。除了季风、移民等因素的影响之外，远距离贸易也发挥了重要的整合作用。这里很早就出现了以港口城市为中心的环印度洋商业网络，并形成了不同文明共享的商业文化。伊斯兰教的扩张、中国的强大影响以及16、17世纪美洲白银的流入进一步加强了印度洋世界的文化和经济联系。

羽田正教授吸收了西方学者新的研究成果，这些在本书中时有反映。但他关注的重点不是东印度公司的商贸活动，也不是印度洋和印度洋世界的统一性，而是"通过东印度公司的兴亡来描述17、18世纪整个世界的变化"。在他看来，世界的一体化潮流始于16世纪，并一直持续至今。400年间，受这股巨大潮流的冲击和影响，地球和居住在地球上的人类社会发生了天翻地覆的变化。17世纪英国、荷兰和法国的东印度公司伴随这股潮流相继成立，推动这股潮流向前发展，并最终随着世界一体化的深入退出历史舞台。因此，本书不是对单个东印度公司的研究，也不是对东印度公司某一方面活动或影响的研究，而是围绕17、18世纪整体世界初步形成进行的综合分析。本书不仅介绍了东印度公司兴起的背景，分析了它们相继退出历史舞台的原因，还全方位、多角度地展示了17、18世纪东印度公司的活动及其影响。除了常见主题如公司组织、商船、商路、商馆和货物之外，本书还包含移民、女性、混血儿、走私商等新内容。

其次，将日本纳入17、18世纪的整体世界，并寻找它在其中的定位。在以往的东印度公司或印度洋世界研究中，日本都处于边缘地位。按照迈克尔·皮尔逊教授加大的"印度洋世界"定义，该地区从好望角延伸到印度尼西亚最东端，上接中国南海。

说该定义是"加大的",是因为他加入了被过去定义所忽视的东非,并突出了中国的影响。尽管如此,日本仍不在此范围内。在本书中,羽田正教授将17、18世纪东印度公司活动所及的所有亚洲国家和地区都纳入考察范围,为此他使用了"亚洲之海"。所谓"亚洲之海",不仅包括印度洋,还包括中国的南海和东海。

为了突出日本在17、18世纪世界史中的特殊地位,羽田正进行了比较分析。他首先将东亚海域与印度洋区别开来。他将"东亚海域"称为"政治之海",由于明清中国和统一后的日本拥有强大的皇权,因此东印度公司在这里的影响力受到很大限制;欧洲人,包括东印度公司之前的葡萄牙人,无法做到为所欲为。至少直到18世纪末,东印度公司还不是这一海域的主要势力;中国和日本政府,还有华商和水手才是推动这一海域历史发展的重要力量。然后,他将日本同中国区别开来。日本在统一之前是以明朝为中心的东亚国际秩序的一部分。在东亚海域,这一秩序是通过朝贡贸易表现出来的。统一之后的日本试图挑战东亚秩序或从中摆脱出来。经过一段时间的观察和探索,日本建立了在以本国为中心的地区秩序之上的海外贸易体制。这种新体制与欧洲体制十分相似,即拥有主权的政府负责管理"国家"的对外贸易。在他看来,19世纪后半期日本的"脱亚入欧"并非偶然。由此可见,作者书写世界史的最终目的是回答日本问题。

再次,回归宏大叙事,书写普通人能读懂的历史。传统上,无论东方还是西方,历史学都具有资政育人的社会功能。好的历史作品亦文亦史,为普通人所喜闻乐见。在文艺复兴时期,历史是绅士教育的重要内容，具有陶冶情操、明辨是非、增长智识之功能。到了启蒙时代，历史是思想家扫除愚昧、开启民智、构建知识和理性社会的利器。一部宏大叙事、雅俗共赏的《罗马帝国衰亡史》让多少欧洲人看清了宗教的虚伪和不宽容。但是，在经历了19世纪的专业化之后，历史学的研究对象变得越来越狭窄，离现实和普通人的需求越来越远。毫无疑问，历史学的专业化是必要的，但是专业化的历史如何兼顾传统的社会功能却是值得思考的。在笔者看来，《东印度公司与亚洲之海》最大的亮点在于，作者以极大的勇气书写了一本从专业的角度而言并非特别专业，但能为专家和普通人共享的历史。如同作者坦陈，这是一项有意义的综合研究，但难度很大。他说："以一人之力来挑战如此庞大的主题难免失之轻率和鲁莽。笔者开始写作以来，面对如此困难数次感到挫败。但是，总要有人去挑战这一壁垒不可。现在人们需要一种将当今世界的发展过程作为一个整体来进行理解的历史叙述方式。身为历史研究者的我应该直面此类课题。"

本书也有值得商榷的地方。让笔者困惑的是，作为日本"新世界史"的积极倡导者，本书作者并未摆脱"欧洲中心论"的影响。美国史学家杰里·本特利在2002年出版的《西方历史思想手册》"新世界史"条目中指出，除了将跨文化交流带入历史研究中心之外，新世界史最主要关心的是构建与欧洲中心论不同的历史理解路径。这并不是否认欧洲在世界史上的重要性，而是否认将欧洲经验作为衡量其他社会发展的标准。本书恰恰存在这方面的问题。本书的核心观点是，17、18世纪欧洲东印度公司之所以能够在亚洲海域胜出，是因为它们是从统治领土的主权国家的世界中生长出来的；日本因为早在江户时代就形成了与欧洲主权国家非常相似的体系，因而能走上与亚洲其他国家不同的道路。基于此，他批评亚当·斯密在《国富论》中把中国和印度与欧洲各国放在同样的平台上来进行分析的做法。在笔者看来，作者赋予了欧洲形态的国家太多的重要性，而这正是新世界史和文明史、海洋史力图改变的。作者将17、18世纪欧洲和亚洲的国家形态区分为对疆域的统治和对人的统治，认为只有出现主权理论的国家才是主权国家，只有发展出人民主权概念的国家才是民族国家，这些都过于简单化和绝对化。笔者认为，至少17、18世纪的中国是领土国家、主权国家和民族国家，这也是亚当·斯密在《论主权者或国家的收入》一卷中将中国和欧洲国家同等对待的原因。

行文于此，笔者不免有些惆怅。2007年，刘新成教授在为杰里·本特利《新全球史》中文版作序时说："上世纪80年代吴于廑先生曾经指出，对世界各地之间横向联系的研究不足，是我国世界史学科的薄弱环节。吴先生此说在史学界同仁中得到广泛认同。但四分之一个世纪过去了，对横向联系的研究仍然没有起色。"从刘教授发表感叹至今，10多年又过去了。在此期间，日本的新世界史几乎从无到有，如今已经硕果累累，但我国的新世界史仍然没有起色。在笔者看来，同20世纪80年代相比，世界的一体化进程大大加快，"全球化"或"逆全球化"已成为世界各国争论的焦点问题。因此，从横向联系的视角思考人类社会的过去、现在与将来变得更加迫切。面对时代提出的重大问题，中国的世界史工作者为什么几乎集体失声？这似乎与90年代中国史学的重新定向有关。王学典先生将中国近百年的史学争论归结为史观派与史料派之争。民国史学深受德国实证主义史学影响，重视史料考订和小问题研究；从中华人民共和国成立直到20世纪80年代末，中国史学重视唯物史观指导下的大问题研究，史观派占支配地位；但八九十年代史料派复兴并大有一统天下之势。他说："进入1990年代后，史观派的学术地位就越发无足轻重，乃至可有可无了。"因此，当国际史学界受全球化浪潮的冲击和影响，大力开展新世界史研究之时，中国史学却回到了民国，回到了乾嘉。毫无疑问，史料考订和具体问题研究是必需的，但重大理论问题和现实问题的探讨也是需要的。笔者认为，史料与史观、具体研究与综合分析、学术探讨与现实关怀不是不可以调和的，处理得好，还可以相得益彰。希望《东印度公司与亚洲之海》的出版能给中国史学界一些启示。

（原载《文汇报》2019年8月2日）

值得一读的一部世界史新著

近期,北京大学出版社翻译出版了由美国著名世界史专家杰里·本特利和赫伯特·齐格勒编写的世界历史:《新全球史——文明的传承与交流》[1],该书以全球史观透视历史,时代气息浓厚,视野开阔,加之充分吸取了学术界最近的研究成果,给人耳目一新的感觉,值得推介。

全球史是20世纪六七十年代从美国兴起的一种编纂世界历史的理论和方法,全球史创始人之一斯塔夫里阿诺斯指出,世界历史不是世界上各个国家、各个地区历史的总和,而是有特定内容的;他提出要站在月球上观察人类历史,把握世界历史的全貌,重点考察那些推动世界历史走向一体的力量和运动。他的《全球

---

[1] 杰里·本特利、赫伯特·齐格勒:《新全球史——文明的传承与交流》(上、下),魏凤莲译,北京:北京大学出版社,2007年。

通史》就是按照这种理论和方法编写的,该书于1988年被译成中文后,受到国内读者的广泛好评。[1]《新全球史》是在20世纪90年代世界进入全球化时代以后推出的,作者对于编写世界历史的目的和意义有了更深刻的认识。本特利教授说:"学者们愈加认识到,通过彼此间的交流和互动,全世界所有的人都为历史发展做出过贡献,世界史学科就是认识全部人类为世界历史的发展所做贡献的一种特别适合的手段。"[2]与此同时,随着国际学术合作与交流的机会日益增多,西方学者对非西方国家的历史有了越来越多的了解,这为他们编写全球的而非局部地区的历史提供了更大可能。

全球史以整个人类为考察对象,不同程度地反对传统的"欧洲中心论"。但是,早期全球史家并没有摆脱对西方历史经验,乃至话语体系的依赖,因而也就难以从根本上清除"欧洲中心论"的影响。斯塔夫里阿诺斯就是典型的一例。《全球通史》主要想说明1500年以后在新兴西方的推动下,原本独立的各地区文明是怎样形成一体的,以及这种一体化过程是怎样导致西方世界霸权的;在他笔下,全球史就是一部欧洲扩张史,也是非欧洲国家和地区反扩张、反霸权的历史。《新全球史》力图超越"欧洲中心论",全书围绕本特利教授提出的新概念——"跨文化交流"展开,采用了一种完全不同的写作框架和话语体系。按照本特利

---

[1] 斯塔夫里阿诺斯:《全球通史——1500年以前的世界》,吴象婴、梁赤民译,上海:上海社会科学院出版社,1988年;斯塔夫里阿诺斯:《全球通史——1500年以后的世界》,吴象婴、梁赤民译,上海:上海社会科学院出版社,1999年。
[2] 杰里·H. 本特利:《20世纪的世界史学史》,许平、胡修雷译,《史学理论研究》2004年第4期,第121页。

教授的思想，人类从很早起就形成了特点各异的传统，与此同时，传统各异的社会之间也开始了交流。世界历史的任务就是要分析具有不同文化传统的社会之间相互交流的过程，并揭示这种交流对人类历史发展所起的重要作用。在本特利教授看来，几乎所有人类社会都或多或少地参与过跨文化交流的过程，因而也就或多或少地为人类历史发展做出过贡献。因此，《新全球史》"要求尊重世界上所有民族——而不是一个或少数几个民族的历史经验，考察每一个民族为人类所做的贡献"[1]。

为了将上述指导思想有效地贯彻到书中去，作者为全书设了两个主题，并将整个人类历史划分为7个时期。两个主题是"传统"和"交流"，前者用于分析个体社会，特别是大型复杂社会的组织、维持和衰落；后者用来考察不同社会之间的相互联系。用作者的话说，两个主题"为纷繁复杂的世界历史确定了焦点"[2]。

"传统"是跨文化交流的基础，书中各章节依次对亚洲、欧洲、非洲、美洲和大洋洲各民族的历史进行了考察。尽管"传统"只是作者相对次要的主题，但从教学的角度来说却十分重要，因为通过这一主题，世界上大多数国家和地区的历史得到了展示。笔者认为，《新全球史》对不同社会、不同地区历史的叙述是该书最成功的地方之一。一方面，作者并没有因为采用全球视野而忽视历史的细节；相反，对单个社会、单个地区历史的处

---

1 本特利、齐格勒：《新全球史——文明的传承与交流》（上），第9页。
2 同上，第11页。

理很细腻，基本线索、重大事件和重要人物都有清楚的交代，避免了宏观史学常犯的毛病——空泛。另一方面，由于作者将单个社会、单个地区的历史纳入到更为广阔的背景之中，因而容易从总体上理解和把握它们。比如，《新全球史》对拜占庭帝国的考察就比一般世界史著作如《全球通史》深入，除了有较为系统的知识介绍外，还考察了拜占庭帝国在经历了7、8世纪穆斯林的征服之后，是如何通过政治和社会调整，加强对帝国剩余领土的控制，以应对伊斯兰教国家挑战的，其中重点论述了军区制改革及其影响。该书对拜占庭与罗马帝国的承继关系，拜占庭在外民族入侵压力之下形成的独特的治国传统，拜占庭在后古典世界所发挥的重要作用和影响，都有较为清楚的论述和较为准确的把握。

过去受到忽视的国家和地区的历史，如撒哈拉以南非洲国家的历史、地理大发现以前美洲和大洋洲的历史，该书也根据学术界新的研究成果增补了内容。此书150万字左右，篇幅不算很大，但提供的信息却相当充分。

具有不同文化传统的社会之间的"交流"是作者更为关注的主题，事实上，所有全球史家都是如此。斯塔夫里阿诺斯对于打破人类社会彼此隔绝的力量，如游牧民族的入侵、宗教传播，特别是1500年以后欧洲的扩张给予了高度的重视；麦克尼尔将不同社会之间的文化交流看作世界历史的"主要驱动轮"[1]，在《西方的兴起》一书中，他重点考察了人类历史上技术的传播，以及由

---

1 William H. McNeill, "A Defence of World History", in William H. McNeill, *Mythistory and Other Essays*, Chicago: University of Chicago Press, 1986, p. 76.

此引起的世界不同国家和地区权力和社会组织结构的变化。《新全球史》中"交流"的形式和内容更加丰富，包括大规模的民族迁徙、远距离贸易、帝国扩张、宗教和文化传播、农作物传播和疾病传染等。作者特别重视远距离贸易的作用，认为它的意义不仅仅是经济上的，还有文化和政治方面的。例如，印度商人先是将印度教和佛教信仰带到了东南亚，后又将伊斯兰教带到了东南亚。远距离贸易也方便了传染病的传播，公元2—3世纪，汉帝国和罗马帝国同时暴发了大规模传染病，其病原体就是通过古代"丝绸之路"传播的，14世纪席卷欧亚大陆的腺鼠疫也是通过蒙古帝国的商路传播的。

作者从跨文化交流的角度将人类历史分为七个时期，即早期复杂社会（前3500—前500年），古典社会（前500—500年），后古典时代（500—1000年），跨文化交流时代（1000—1500年），全球一体化的缘起（1500—1800年），革命、工业和帝国主义时代（1750—1914年），现代全球重组（1914年至今）。照作者的看法，各个时期虽各有特点，但从总体上看，跨文化交流在不断加深。

作者对前近代跨文化交流的估计特别值得注意，他们认为在1000—1500年间随着游牧民族的扩张，特别是蒙古帝国的建立，欧亚大陆前所未有地紧密联系起来；与此同时，印度洋的海上贸易也更加频繁，导致印度洋沿岸地区出现经济一体化运动。作者将这一时代称为"跨文化交流时代"，它为世界历史进入后起的全球一体化时代创造了条件。作者并不否认15世纪末、16世纪初欧洲航海的重要意义，但它是1000年以后几个世纪欧亚大陆日益增加的相互交往的进一步扩展。

比较分析是《新全球史》的一大亮点。通过比较，作者试图发现不同时代、不同社会之间存在的差异，并解释产生差异的原因。在第三部分，即后古典时代，作者分析了在古典帝国瓦解之后，东半球各社会是怎样以不同的方式谋求政治和社会秩序的重建的。东地中海、西南亚和中国保持或重建了中央集权的帝国统治，印度虽未能重建帝国统治，但却以强大的社会文化传统保持了社会领域的凝聚力。西欧重建秩序和稳定的努力不太成功，使得西欧在后古典时代处于相对落后的状态。

作者还试图通过比较，分析跨文化交流是怎样影响各个社会的发展，并将世界连成一体的。在第29章，作者考察了18世纪末19世纪初在启蒙思想影响下发生的"大西洋世界革命"，革命首先在北美的英国殖民地爆发，殖民地人民推翻了英国统治，建立了独立的联邦共和国。在美国革命的鼓舞下，法国很快发生大革命，在废除君主和贵族统治之后，建立了共和国。革命的理念迅速传播到其他地区，加勒比海的圣多明各发生奴隶起义，推翻法国的殖民统治，建立独立的海地共和国；拉丁美洲随之爆发独立战争，摆脱西班牙和葡萄牙的殖民统治，建立了由精英阶层克里奥尔人统治的共和国。到1830年左右，整个西欧和美洲的社会政治秩序都得到了改造。

《全球通史》充分吸取了学术界最近的研究成果。作者根据弗兰克、彭慕兰、王国斌等人的研究，对近代早期，即1500—1750年间东西方的实力对比进行了重新估计。作者说："实际上，在近代早期，中国因其众多的人口、巨大的生产能力和对白银的强劲需求，成为驱动世界贸易的主导经济动力。"[1]他们认为，直到19世纪西方才取得了在世界政治经济中的优势地位。

《新全球史》还有一个突出的优点：可读性强。该书的每一章都以一个相关故事开头，易于引起读者的兴趣。每一部分都有一个导论，每一章都有一个小结，便于读者把握内容。此外，还配有插图、历史文献和大事年表，可以进一步加深读者的印象。在每章后面都附有阅读书目，为读者更深入的学习提供了方便。

但是，在笔者看来，《新全球史》也还存在一些问题。其中较为突出的是概念问题，传统史学以国家为基本的叙事和分析单位，为了表示对传统史学的否定，《新全球史》不以国家为单位；而且，为了避免"文明冲突论"，也不使用"文明"一词，而是以"社会""复杂社会""共同体"等概念代之。但是，这些新概念过于模糊，缺乏准确内涵，似乎不适合作为历史叙事和分析的单位。此外，在强调跨文化交流作用的同时，也忽视了人类社会内部的矛盾运动，以及由此引起的人类历史由低级社会形态向高级社会形态的发展。尽管如此，《新全球史》仍然是国内目前所能见到的最好的世界史著作之一。

（原载《世界历史》2008年第3期）

---

[1] 本特利、齐格勒：《新全球史——文明的传承与交流》（下），第766页。

给《世界历史评论》的几点建议和希望

随着世界的全球化进程加快，中国同世界的联系越来越紧密，我们迫切需要了解更多中国之外的历史和文化。2011年世界历史从二级学科上升为一级学科，就是对上述需要的一种积极回应。近年来，我国从事世界史教学和研究的队伍不断扩大，研究水平也有较大程度的提高，但世界史专业期刊的建设却相对滞后。缺少好的刊物已经成为制约我国世界史学科发展的瓶颈。今天，《世界历史评论》在经过5年的试刊之后正式发刊，这是中国世界史学界的一件大喜事，热烈祝贺！作为《世界历史评论》的作者和忠实读者，我希望它在正式发刊之后办得更好。因此，特借陈恒主编邀请撰写"寄语"之际，斗胆提出以下建议或希望，仅供参考。

第一，确定好自己的定位，办出特色。何为世界历史？学术界有不同的理解。笔者认为，至少从办刊的角度，不宜将世界史简单地等同于国别史、专门史，或以跨文化交流为主要内容的全球史。关于这些专门领域的研究国内已经有了一些好的刊物，如天津师范大学主办的《经济－社会史评论》、首都师范大学主办的《全球史评论》，而且从目前国内世界史研究的发展势头来看，我们还需要办更多专门类别的杂志。在笔者看来，《世界历史评论》应更多关注世界史研究中重大或带有共性的问题。在这方面，我们可以以英国的《过去与现在》杂志作为借鉴。该杂志是1952年由英国"共产党历史学家小组"创办的，以英国史研究为主，兼顾欧洲与世界其他国家和地区的历史。著名的马克思主义史学家R. H. 希尔顿、克里斯托弗·希尔和埃里克·霍布斯鲍姆长期担任该杂志的编委。创刊之初，《过去与现在》还有一个副刊名——"科学的历史杂志"，将两个刊名联系起来我们不难看出办刊人的宗旨：探讨人类历史发展规律，重视历史与现实的相互启迪。直到1959年，该副刊名才在新加入编委会的"辉格党人"劳伦斯·斯通的坚持下去掉。去掉这个副刊名是为了同机械唯物主义和历史决定论划清界限，但《过去与现在》的实际内容并没有太大变化。在笔者看来，该杂志至少有三个方面的特色：一是重视人类历史上重大的理论问题，如欧洲从封建主义向资本主义的过渡；二是重视"自下而上的历史"，关注普通人的生活；三是立足于学术但不拘泥于学术，具有较强的社会责任感和现实关怀。《过去与现在》杂志创刊较晚，但由于具有以上特色，其学术影响很快超过了《英国历史评论》等老牌期刊，现在是英国乃至整个英语史学界最有影响的刊物。

第二，提倡好的文风。好的学术期刊对学术共同体的影响是很大的，法国《年鉴》杂志主编勒高夫在评《过去与现在》时说，该杂志有一种简约的"清教"风格，刻意选用定性而非定量的文章，举例说明、个案分析而非详尽、冗长或面面俱到的文章。《过去与现在》也未采用传统史学期刊穷举所有的注释方式。1991年斯通在与后现代主义史学家帕特里克·乔伊斯的论战中，强烈反对将他及其同道当作"实证主义井底之蛙"看待。他认为英国早已形成与实证主义完全不同的史学传统，在他列举的传统中，放在第一位的是简明的写作风格，避免行话和含糊不清，尽可能将作者的意思向读者表达清楚。文风是与史家对史学的认识紧密联系在一起的。斯通和他的同道，如霍布斯鲍姆，都是思想开放、积极拥抱新事物的大家，但他们也清楚地认识到史学有一些自身特点，是需要坚持的。"二战"后西方史学最大的变化是跨学科，最初是社会科学理论和方法的引入，然后是文学批评理论。斯通和同道一方面从这些新的理论和方法中获取灵感和知识营养，另一方面也考虑这些理论和方法的可适用程度。事实上，斯通是最早对战后历史学的社会科学化趋势发出警告的人。1979年他在《过去与现在》发表了《叙事的复兴：对新的旧历史的反思》，指出历史学的"理想模式"是叙事，即按照时间顺序组织材料，以人为中心，选择一个有意义的主题，注重文字表达等。在他看来，由于社会科学化的历史过分强调结构，忽视时间和变化；过分重视地理、生态和人口因素，忽视人和人的活动；过分迷信统计和数据等，正在对历史学造成伤害。

第三，将《世界历史评论》办成培养青年世界史工作者的园地。青年是世界的未来，对于世界史学科来说尤其如此。我国的世界史研究起步晚，基础差，目前的总体水平还不尽如人意。这与过去研究世界史的条件有很大关系。在很长一段时间里，我国的世界史研究工作者缺少到研究对象国或地区学习和交流的机会，很难获取从事原创性研究所需要的原始资料。但这些年情况发生了很大变化。年轻人赶上了世界史研究条件大为改善的好时机，但目前国内高校普遍推行的"非升即走"的考核机制也对他们不利。世界史研究外国人的历史，这是他们用情最深、用力最大的专业领域，中国人要赶上还需要一个艰难漫长的过程。由于目前的考核机制不考虑专业的特殊性，因此对从事世界史研究的年轻人而言压力很大。笔者春节前去法国巴黎开会，见到了六七个在那里攻读法国史博士学位的学生，他们有的是我的硕士生，有的是我教过的学生，他们也对日后在国内的发展感到焦虑。我希望《世界历史评论》多为年轻人提供发表的机会，中国的世界史研究只有接力相传才能越来越接近国际高水平。

（原载《世界历史评论》2019年第1期）

《前工业时代的信仰与社会》序

在前工业时代,宗教信仰不止能够满足个人的精神需要,还具有十分重要的社会功能。2017年11月25—26日,复旦大学世界史教研室主办了"前工业时代宗教的社会功能"学术研讨会,来自中国社会科学院、北京师范大学、首都师范大学、中山大学、广西师范大学、华东师范大学、上海师范大学和复旦大学的多位代表出席会议并宣读了论文。《世界史论丛》第一辑刊出的论文是从这次会议中选出来的,共12篇。

前两篇论文是对罗马帝国基督教化相关问题的再思考。传统上,学术界将基督教社会救助体系的确立看作对罗马传统体系的否定。前者以所有人为对象,表现的是基督教的同情、怜悯和无差等的爱;后者局限于罗马公民之间,旨在展示公民美德。刘林海教授认为这种观点过分强调基督教理论的道德优势,忽视了罗马帝国政治的影响。在他看来,从罗马传统的社会救助到基督教救助，并不是简单的断裂，而是有融合，有一定程度的连续性。

康凯博士重新探讨了被视为基督教战胜多神教的标志性事件——"胜利女神祭坛"之争。他发现在此过程中，罗马朝廷并非毫无保留地支持基督教，而是基于实际的政治的考量。罗马朝廷在削弱多神教宗教特权的同时，也给予多神教元老一些补偿，以便获得他们政治上的支持。

在罗马帝国晚期，基督教取得了帝国境内的独尊地位。尽管如此，这时的基督教还主要是一种城市现象，一种地中海现象。那么，基督教是怎样向西北欧广大乡村传播的？进入罗马帝国境内的日耳曼人是怎样基督教化的？曾嘉慧和李云飞教授的论文《加洛林王朝圣徒崇拜中君主、贵族和平民的互动》提供了部分答案。圣徒崇拜是虔诚者路易为推行其基督教化政策所采取的重要举措，历史学家、加洛林贵族艾因哈德亲自参与了圣骨的迁移和安置活动。通过艾因哈德留下的《圣马塞琳和圣彼特的迁徙》，作者以小见大，分析了圣徒崇拜现象背后君主的鼓励、贵族的推动和民众的期盼。尽管三者的目的或诉求不同，但彼此的互动仍有助于加洛林帝国，尤其是帝国边远地区的基督教化。

到11世纪，西北欧广大地区的基督教化已基本完成，但以罗马教廷为中心的教会管理体制尚未确立。教会纪律松弛，买卖圣职、娶妻纳妾等违规现象普遍存在。接下来的两篇论文与11、12世纪罗马天主教会的改革和新制度建设相关。传统观点认为，英格兰教会的改革措施是诺曼人从欧洲大陆引入的。但修正派史学家重视英格兰教会本土的传统，认为诺曼征服之后的改革不过是之前的延续。麦殷闻和龙秀清教授对伦敦主教区的研究表明,诺曼征服带来的改革在主教层面是快速而明显的,主教从名义上的宗教首领转变为实际的教牧管理者。但改革并未深入到主教之下,英格兰本土传统在教会基层多有保留。经历了外来因素和本土传统缓慢的融合,英格兰的教会改革才最终完成。

强制独身是11、12世纪教会改革的重要举措。李腾博士的论文不仅深入探讨了教会改革时期教士独身制的确立,还回溯过往,进一步分析了从古代晚期到中世纪盛期独身制建立背后动机的变化。从追求灵性益处到保障圣事纯洁,不仅意味着教会纪律加强,也反映了教会自我认同提升。以独身制作为神职人员与平信徒之间的重要分界,有助于将主教和神父神圣化,从而塑造中世纪西欧独特的三个等级社会结构。

教会是中世纪西欧最大的地主,其经营方式也是当时最先进的。因此,教会大地产一直是经济社会史研究的重要对象。晚近有一些西方学者提出,中世纪盛期特别是13世纪,英国已经出现了农业资本主义,针对这种观点,许明杰博士根据对13世纪英国教会大地产的研究进行了回应。研究表明,13世纪英国教会大地产经营的确出现了重要变化,如收回出租的土地改为直接经营;与市场的联系加强,三分之一到一半的农产品用于出售;教会大地主用于改善农业器具的投资也比过去增加。可以说,这些变化带有一定程度的资本主义特征。但是,这些变化并未突破传统教会大地产经济的局限,土地出租现象仍然普遍,农奴制仍未消失。因此,对这一时期教会大地产农业经济的发展水平,乃至整个英国农业经济发展的水平不宜评价过高。

在传统的宏大叙事中，宗教改革是西方历史上的重大转折。在兰克看来，宗教改革使教会从属于国家，有助于近代民族国家的形成；莫特利认为，路德将人从教会的束缚中解脱出来，具有思想解放的作用；韦伯则指出，新教的"天职观"推动了西方资本主义的兴起。20世纪六七十年代以来，随着修正史学的出现，上述观点都不同程度地受到了质疑和挑战。夏洞奇副教授将加尔文的政治思想放在奥古斯丁以来的基督教传统中考察，揭示出其"延续"与"更新"的双重面向。他认为，在加尔文的政治思想中，许多是与奥古斯丁的思想一脉相承的。其中最能体现与中世纪天主教传统断裂的，仅限于教会学领域，即对天主教会组织结构和圣礼仪式的批判。

自约翰·福克斯以来，英格兰的玛丽一世就一直以"血腥者玛丽"闻名。她使英格兰重回罗马天主教怀抱的努力被认为是"开历史倒车"，是不得人心的。但晚近修正派史家对玛丽重建天主教的计划做出了正面的评价。对此，刘城教授提出了质疑。借助古典和中世纪思想家关于共同体利益与君主美德的论述，并结合玛丽一世所处的历史环境，刘教授指出玛丽一世为一己之宗教虔诚，忽视公共利益，没有承担起治理主权国家的责任。修正派史家仅从教会史的角度研究玛丽，具有相当严重的片面性。

后面三篇论文是关于上古时代的西亚和古以色列的。刘健研究员分析了古代西亚节庆活动的政治和社会功能。这种活动大多由王室成员主持，神庙祭司统筹各项仪式和流程，社会各阶层广泛参与。定期的节庆活动起到了重申王权神圣性、强化社会等级秩序、缓解社会紧张情绪等多方面作用。李海峰教授研究了古巴比伦一个特殊的妇女群体，即女祭司的经济活动。由于特殊的宗教地位，她们摆脱了父权和夫权的统治，能够独立和自由地从事各种经济活动。她们在不动产和动产的交易中发挥了重要作用。肖超博士探讨了《旧约》中古以色列司法制度的性质。在他看来，以色列人将司法视为神意的实现。审判活动基于神亦归于神，审判主体被涂上了强烈的神性色彩，且多由神职人员直接担任。

最后一篇是关于中国晚清时期宗教与经济的。巫能昌博士研究了明清时期福建泉州的寺产和寺产经济。除了寺产本身的来源、管理和经营之外，作者还分析了寺产与祖先崇拜、寺产与官方办学、寺产与神明仪式之间的关系。研究表明，寺产和寺产经营是当地社会经济的重要组成部分，宗教信仰与社会经济生活紧密相连。

以上论文作者大多数是国内世界史学界的知名专家，长期从事相关领域研究。从这些论文可以大致看出我国世界史研究的现状和发展趋势。首先，选题更加具体，研究更加深入，一些过去被忽视的问题受到了重视。比如，曾嘉慧和李云飞教授通过研读艾因哈德留下的《圣马塞琳和圣彼特的迁徙》，揭示了加洛林王朝时期日耳曼人如何基督教化的问题。其次，更加重视历史发展的连续性。这在刘林海教授、麦殿闻和龙秀清教授、夏洞奇副教授的论文中都有反映。再次，创新性更加明显。以往的世界史研究受资料条件的限制，加之研究对象是外国史，难度较大，因此研究成果大多是综合性的，原创性研究和批判性思考相对较少。但这种状况正在改变。刘城教授从新的视角对英国修正派史学提出质疑就是其中一例。但会议论文也暴露出我国的世界史研究存在着严重的区域不平衡问题。在12篇论文中，8篇是关于西方基督教世界的。从罗马帝国晚期的基督教化到宗教改革，都有深入细致的研究。在余下的4篇论文中，两篇是关于上古西亚的，一篇关于古以色列，一篇关于明清中国。伊斯兰教和印度教世界阙如。除去关于中国的论文，会议论文与我国世界史学界的人员配备大体一致。因此，加强欧洲之外国家和地区的历史研究已成为我国世界史学科建设的当务之急。希望在未来的世界史学术会议上能见到更多研究欧洲之外国家和地区历史的学者和论文。

（原载向荣、欧阳晓莉主编：《前工业时代的信仰与社会》，上海：复旦大学出版社，2019年）

《国家与市场——英国重商主义时代的历史解读》序

　　重商主义是1500—1750年间在欧洲普遍流行的经济思想和相关实践，其基本特征是鼓励出口，限制进口，以实现有利的贸易平衡。重商主义是在欧洲民族国家兴起的大背景之下出现的，追求的是国富国强的双重目的，因此，同18世纪后期兴起的自由放任主义思想不同，重商主义将国家利益放在突出位置，并采取了一系列国家干预政策。亚当·斯密对重商主义进行过系统批判，在他看来国家对经济的干预绝无必要，自由贸易能使贸易参与国都获利；重商主义不过是商人的阴谋罢了。但19世纪晚期德国的历史学派经济学家古斯塔夫·施莫勒反对从纯经济理论角度解读重商主义，他认为重商主义是16、17世纪欧洲特定历史发展阶段，即国家形成过程的产物，"这种制度的实质不在于某种货币理论，或贸易平衡理论；也不在于关税壁垒、保护关税或航海法；而是在于某种大得多的事物——即国家及其制度，还有社会及其组织的整个改变；民族国家的经济政策对地方的和区域的经济政策的取代"。由于重商主义可以用不同的方法、不同的观点去研究，因此直到今天西方学界对重商主义的争议仍然很大。

重商主义是近代早期英国政府的基本国策。正是由于成功地推行了该政策，英国才能够在这一时期欧洲群雄逐鹿的斗争中最终胜出；重商主义也使英国传统的农本经济得到了改造，从而奠定了英国工业革命的基础。因此，重商主义是近代早期英国史研究绕不开的问题。但遗憾的是，由于该问题难度太大，到目前为止国内的相关研究成果，特别是有分量的研究成果尚不多见。李新宽在多年研究和积累的基础上，推出本书《国家与市场——英国重商主义时代的历史解读》，弥补了国内近代早期英国史研究中一个大的薄弱环节，显示了作者不畏艰险，敢于啃硬骨头的精神。

本书直面重商主义研究中最根本但也是争议最大的课题，即国家与市场经济的关系课题。作者在充分吸收前人研究成果的基础上，通过对史实的具体分析，指出在重商主义时代英国国家和市场经济的关系并非一成不变的，事实上，它经历了一个递次演进的过程。作者将该过程划分为三个阶段，并通过比较分析揭示出国家的职能随着市场经济的发展不断调整，由对市场经济的全面控制逐步过渡到取消管制，最终实现了国家与市场经济的共生共荣。全书观点鲜明，言之成理，富有创新性。

李新宽曾在武汉大学做博士后研究，我是他的合作导师。本书就是他在博士后研究成果基础上，进一步扩充完善而成的。李新宽淡泊名利，潜心向学，给我留下了深刻印象。我相信他会以本书的出版为出发点，攀登新的学术高峰。

（原载李新宽编：《国家与市场——英国重商主义时代的历史解读》，北京：中央编译出版社，2013年）

《半小时漫画世界史》序

我们生活在一个大众消费的时代，不仅表现在越来越多过去被视为奢侈品的商品进入普通人的家庭，而且为社会精英所垄断的知识也开始被一般民众所分享。近年来国内外公共史学的兴起、各种形式的历史知识普及反映了这种趋势。

2018年1月，读客图书的编辑联系我，希望我能为他们即将推出的《半小时漫画世界史》作序，我犹豫了好一阵。因为我长期从事高校世界史教学和研究，讲究严谨和科班，担心漫画会有损历史的真实性。但盛情难却，因此让他们先把文稿发给我看看。初读文稿，确有不适之感，但当我读完全部文稿之后，发现历史是可以以这种有趣的方式书写的。

历史是什么？不同的时代有不同的回答。在没有变化或很少变化的传统社会，历史是现实生活最可信赖的向导。统治者尤其重视历史，李世民曰："以史为镜，可以知兴替。"反映的就是这种态度。到19世纪末,英国历史学家约翰·西利还说:"历史是过去的政治,政治是当代的历史。"在文艺复兴时期,历史成为"人文学"的重要组成部分,其主要功能是道德教化,培养不同于传统贵族的新绅士。18世纪的启蒙思想家认为,同自然现象一样,人类社会也是被某些共同法则所支配的,历史研究的目的是要发现人类社会普遍的发展规律。19世纪以来,历史学进入专业化时代,兰克学派史家宣称"史学只是史料学",其目的不过是要还原真实发生的过去。尽管以上认识千差万别,但有一点是共同的,即历史是"高大上"的,与普通人的生活无关。

进入21世纪以来,随着人们的物质生活水平普遍提高,对知识的渴求越来越强烈,历史开始进入普通人的生活。但是,普通人需要的不是过于沉重的历史,也不是作为专业技能的历史,而是既能充实自己又能愉悦生活的历史。这种历史需要轻松活泼的表现形式。《半小时漫画世界史》就是这方面的佳作。

《半小时漫画世界史》是以幽默诙谐、略带调侃的方式写成的,十分有趣,但细读下来,其中的内容却是真实、严谨的,并非戏说;这是一本极简版的世界史,半小时即可读完,但有限的文字和篇幅却浓缩了世界史最重要的内容,包括基本历史线索、重大事件和重要人物;该书图文并茂,文字生动,加之大量使用时尚的网络语言,特别适合年轻人阅读。

(原载陈磊:《半小时漫画世界史》,
南京:江苏文艺出版社,2018年)

光启随笔书目
（按出版时间排序）

《学术的重和轻》　　　　　　　　李剑鸣 著
《社会的恶与善》　　　　　　　　彭小瑜 著
《一只革命的手》　　　　　　　　孙周兴 著
《徜徉在史学与文学之间》　　　　张广智 著
《藤影荷声好读书》　　　　　　　彭　刚 著
《生命是一种充满强度的运动》　　汪民安 著
《凌波微语》　　　　　　　　　　陈建华 著
《希腊与罗马——过去与现在》　　晏绍祥 著
《面目可憎——赵世瑜学术评论选》赵世瑜 著
《中国的近代：大国的历史转身》　罗志田 著
《随缘求索录》　　　　　　　　　张绪山 著
《诗性之笔与理性之文》　　　　　詹　丹 著
《文学的异与同》　　　　　　　　张　治 著
《难问西东集》　　　　　　　　　徐国琦 著
《西神的黄昏》　　　　　　　　　江晓原 著
《思随心动》　　　　　　　　　　严耀中 著
《浮生·建筑》　　　　　　　　　阮　昕 著
《观念的视界》　　　　　　　　　李宏图 著

光启随笔书目

《有思想的历史》	王立新 著
《沙发考古随笔》	陈　淳 著
《抵达晚清》	夏晓虹 著
《文思与品鉴：外国文学笔札》	虞建华 著
《立雪散记》	虞云国 著
《留下集》	韩水法 著
《踏墟寻城》	许　宏 著
《从东南到西南——人文区位学随笔》	王铭铭 著
《考古寻路》	霍　巍 著
《玄思窗外风景》	丁　帆 著
《法海拾贝》	季卫东 著
《中国百年变革的思想视角》	萧功秦 著
《游走在边际》	孙　歌 著
《古代世界的迷踪》	黄　洋 著
《稽古与随时》	瞿林东 著
《历史的延续与变迁》	向　荣 著
《将军不敢骑白马》	卜　键 著
《依稀前尘事》	陈思和 著
《秋津岛闲话》	李长声 著